40

Verkehrstechnische Attraktionen der Schweiz

Auf Ausflügen an Ort und Stelle erlebt

Ausgewählt und beschrieben von
Alf Arnold, Ruedi Bomatter, Daniela Jauch,
Reinhard Müller, Stefan Simmen

D1672065

WERDVERLAG

Umschlagbild vorne: Brienz-Rothorn-Bahn (Foto: René Gander, Wädenswil)
Umschlag hinten links: Kreisviadukt von Brusio (Foto: RhB, Chur)
Umschlag hinten rechts: Grotzenbühlbahn (Foto: Matth. Streiff AG, Schwanden)

© 1991 Werd Verlag, Zürich

Lektorat: Christina Sieg, Berikon
Gestaltung: René Gander, Wädenswil
Technische Herstellung: Druckzentrum Tages-Anzeiger, Zürich
Printed in Switzerland

ISBN 3 85932 063 7

Inhalt

Einleitung

Fernweh: Mit dem Ohr an der Schiene

Stellen wir uns vor, wir stehen am kleinen Bahnhof Hasle im Entlebuch. Die Geleise vor unsern Augen sind mit ganz Europa verbunden, mit Wien genauso wie mit Paris, mit Amsterdam und Neapel und bald auch unter dem Meer hindurch mit London und Edinburg. Nimmt man die schwimmenden Schienen der Fähren dazu, so ahnen wir im glarnerischen Linthal die skandinavische Kälte und die sizilianische Hitze. Über Tausende und Abertausende von Kilometern erstrecken sich die stählernen Wege und wecken in uns das Fernweh.

Vielleicht gehören Sie zu jenen Menschen, die stets fasziniert hinblicken, wenn eine alte Dampflok hinter dem Bahnhof ihre Wolken in die Luft bläst. Oder zu jenen, die auf dem Dampfschiff stundenlang den stampfenden, ölig glänzenden Kolben und den Gischt aufwirbelnden Schaufelrädern zusehen, während Ihre Mitreisenden auf dem Sonnendeck das Panorama geniessen. Vielleicht zählen Sie die Wagen, wenn ein Güterzug vor dem Fenster vorbeirattert, und staunen, was sie alles wohin mitführen. Vielleicht haben Sie sich auch schon gefragt, wie das schwere Stahlseil der Luftseilbahn auf den Säntis gelangt sein mag. Vielleicht...

Mit der Zahnradbahn auf die Rochers-de-Naye: für Eisenbahnfans ein besonderes Erlebnis, s. Seite 88f. (Foto: MOB, Montreux)

Vom Stellhebel zum Knöpfchen

Leider wird die sinnlich erfahrbare Technik immer seltener. Die Telekommunikation hat die guten alten Läutwerke an den Stationen und neben den Barrieren-Wärterhäuschen weitgehend abgelöst. Die kunstvollen Passerellen aus Stahl wurden ersetzt durch kahle, manchmal Angst einflössende Beton-Unterführungen. Das heimelige Bahnhofbuffet mit den hohen Säulen musste der tausendfach gleichen Schnellimbiss-Ecke weichen. Die komplizierten mechanischen Triebwerke früherer Lokomotivgenerationen sind längst verschwunden. Bei modernen Loks verstecken windschlüpfrig gestylte Verkleidungen, was an beweglichen Teilen vorhanden ist. Die mechanischen Stellwerke in den Bahnhöfen,

---

Kursbuch für Eisenbahnfreunde

Das kleine Büchlein enthält Hinweise, wo und wann welche Lokomotiven, Trieb- und Steuerwagen von SBB und BLS im Einsatz sind. Aus dem Inhalt: Sicht des Lokomotivführers/Neue Triebfahrzeuge/Wilhelm-Tell-Express / Historische Triebfahrzeuge/Gemietete Triebfahrzeuge/Mit der Bahn durchs Jahr/SBB-Original-Informationen/SBB-Loko-Spotter/BLS-Loko-Spotter/SBB-Heimatdepots.

50 Seiten, gratis erhältlich beim Generalsekretariat SBB, 3030 Bern (Rückantwort-Kuvert mit der eigenen Adresse beilegen).

Dampffahrten

Ein Verzeichnis der in der Schweiz verkehrenden Dampfzüge unter dem Titel «Schweizer Ferien mit Dampf» ist erhältlich bei: Verein Furka-Bergstrecke, Postfach 3468, 4002 Basel (Preis ca. Fr. 5.—).

über lange Seilzüge mit den zugehörigen Weichen verbunden, haben fast überall ausgedient. Grosse Tafeln mit Dutzenden von Lämpchen ermöglichen die Weichen- und Signalsteuerung auf viele Kilometer Entfernung.

Die elektronische Revolution hat die sinnliche Erfahrung der Technik auf das Knöpfchen-Drücken reduziert. Von gewissen Verkehrswegen nehmen wir gar überhaupt nichts wahr. Acht Millionen Tonnen Rohöl und Ölprodukte werden jedes Jahr durch die Schweiz transportiert, leise und unsichtbar, unter dem Erdboden verborgen in insgesamt 245 Kilometern Pipeline.

Aber sie existieren noch, die mechanischen Wunderdinge, die uns genauso wie unsere Grossväter zu faszinieren vermögen. In vielen Bereichen sind auch neue dazugekommen, von denen aber meist nur Fachleute reden. Der vorliegende Reiseführer möchte hinführen zu den selten gewordenen, raffinierten Lösungen, auf welche die Handwerker und Ingenieure früherer Generationen gekommen sind. Er möchte uns die Augen öffnen für all die genialen Erfindungen auf dem Gebiet des öffentlichen Verkehrs.

Verkehrsmuseen in der Schweiz

Eisenbahnen
Vallorbe: Musée Gyger (beim Bahnhof)
Blonay: Musée du chemin de fer Blonay-Chamby (an der Bahnlinie)

Schiffahrt
Basel: Schweizerisches Schiffahrtsmuseum (Rheinhafen Kleinhüningen)
Männedorf: Zürichsee-Schiffahrts-Museum (Kugelgasse 21)
Nyon: Musée du Léman (8, Quai Louis Bonnard)

Nahverkehr
Zürich: Tram-Museum (Tramdepot Wartau, Limmattalstrasse 260)

Pferdewagen
Amriswil: Kutschensammlung (St. Gallerstrasse 12)
Chur: Kutschensammlung (Romantik-Hotel Stern, Reichsgasse 11)

Postwesen
Bern: Schweizerisches PTT-Museum (Helvetiaplatz 4)

Öffentlicher Verkehr allgemein
Luzern: Verkehrshaus der Schweiz (Lidostrasse 5)

Passverkehr
Grand St-Bernard: Musée de l'Hospice
Gotthard-Pass: Gotthard-Museum

An Ort und Stelle, statt im Museum

Nicht Theorie, nicht Belehrung, sondern Erlebnis an Ort und Stelle: das will dieses Buch vermitteln. Auf jeder Reise geht es darum, ein Stück Verkehrstechnik und Verkehrskultur im wahrsten Sinne des Wortes zu «erfahren». In lockerer Atmosphäre, nämlich meist bei einem kleinen Spaziergang, wandern wir durchs oft nur scheinbar verborgene Reich des öffentlichen Verkehrs.

Ein Auto brauchen wir für diese Reisen nicht. Alle Ausflüge sind so konzipiert, dass sie mit öffentlichen Verkehrsmitteln gemacht werden können. Entsprechende Hinweise im Buch helfen, die passenden Verbindungen zu finden. Erwähnt wird auch, was Reisende in einer bestimmten Umgebung neben den verkehrstechnischen Attraktionen sonst noch finden können, vom Picknickplatz bis zum Schwimmbad, vom Museum bis zur Gartenbeiz.

Autoren und Verlag wünschen allen eine gute Reise!

Reisen mit Bahn, Schiff, Bus und Postauto

Kein anderes europäisches Land hat ein so dichtes und gut bedientes Eisenbahnnetz wie die Schweiz: Auf jedem Meter der mehr als 5000 Kilometer Schienen fahren täglich durchschnittlich 73 Reisezüge. Von Bussen und Postautos wird ein Netz von 14000 Kilometer Länge mit 10000 Haltestellen bedient. Nicht zu vergessen die 400 Luftseilbahnen und die Kursschiffe auf vielen Seen und grösseren Flüssen.

Die Verkehrsunternehmen bieten ihren Fahrgästen eine ganze Palette von Dienstleistungen und Fahrpreis-Vergünstigungen an. Erkundigen Sie sich am Bahnschalter.

Haben Sie beispielsweise gewusst,

— dass die Bahn Rundfahrtbillette mit Rabatten ab 37 Kilometer anbietet,
— dass Sie zu Ihrem Halb-Preis-Abonnement Tageskarten kaufen können, die Ihr Abo zu einem vollwertigen Generalabonnement aufwerten, mit dem auch die Postautos gratis benützt werden können,
— dass es auch ein Familien-Generalabonnement gibt,
— dass mit der Familienkarte Kinder bis 16 Jahre gratis, Jugendliche bis 25 Jahre zum halben Preis mitreisen, auch wenn nur ein Elternteil dabei ist,
— dass für einzelne touristische Regionen spezielle Ferienabonnemente zu haben sind?

Oder haben Sie schon daran gedacht,

— dass es für ausländische Besucher eine Schweizer Ferienkarte gibt, die zu freier Fahrt auf 9000 Kilometer Bahn-, Schiff- und Postautostrecken und grossen Ermässigungen auf vielen Berg- und Luftseilbahnen berechtigt,
— dass ausländische Touristen ein einmonatiges Halb-Preis-Abonnement kaufen können?

Warum nicht einmal Gebrauch machen von besonderen Dienstleistungen?

— Beförderung Ihres Fahrrads per Bahn, Schiff oder Bus bzw. Postauto: Erkundigen Sie sich bei der zuständigen Stelle; die Telefonnummer befindet sich im Kursbuch beim entsprechenden Fahrplan.
— Mietvelos und Mietautos, die es an vielen Bahnhöfen gibt: Vergessen Sie die frühzeitige Reservation nicht.
— Möglichkeit, Ihr Reisegepäck nicht mitschleppen zu müssen: Geben Sie es einfach am Bahnhof oder auf der Post auf.
— Restaurant-Wagen, wo es sich während des Reisens bequem speisen lässt. Voranmeldung auf Tel. 062/31 85 76 (für die RhB: 081/22 14 25) ist für Gruppen unerlässlich, für Einzelreisende auf stark frequentierten Zügen empfehlenswert.

— Spielwagen (in verschiedenen IC-Zügen), wo Ihren Kindern auch die längste Fahrt noch viel zu kurz vorkommt.

Und noch ein paar besondere Hinweise:

Seilbahnen: Wegen Revisionsarbeiten stellen Luftseilbahnen ihren Betrieb gelegentlich tage- oder wochenweise ein oder halten nur einen reduzierten Fahrplan aufrecht. Orientieren Sie sich im Fahrplan oder erkundigen Sie sich allenfalls bei der Seilbahnverwaltung selbst. Wie viele Minuten Sie von der Seilbahnstation zum nächsten Bahnhof oder zur nächsten Bushaltestelle zu gehen haben, steht unter dem Titel des Fahrplanfeldes.

Dampfschiffe: Aus den Fahrplänen lässt sich entnehmen, welche Kurse mit Dampfschiffen geführt werden. Achten Sie auf die entsprechende Anmerkung.

Postauto: Für Familien und grössere Gruppen ist auf den meisten Linien Voranmeldung vorgeschrieben. Die Telefonnummer finden Sie oben am entsprechenden Fahrplan.

Für alle drei Verkehrsmittel gilt: Im Unterschied zur Bahn kennen die meisten Postautos, Schiffe und Seilbahnen saisonale Fahrpläne. Entsprechende Hinweise finden Sie im Kopf der entsprechenden Fahrplanfelder.

Das «magische» Quadrätchen: Fahrplanfeld
Im offiziellen Kursbuch hat jedes Fahrplanfeld seine Nummer.
Blauer Band

1 — 99	Fernverbindungen
100 — 999	übrige Züge
1000 — 1999	Seilbahnen
2000 — 2999	Schiffe

Gelber Band

100.00[01] — [99]	Städtische Verkehrsbetriebe
100.10 — 999.99	übrige Busse

Ausland-Band

3000 — 3999	Züge Ausland

Im vorliegenden Führer finden Sie die betreffenden Fahrplanfeld-Nummern in der Übersicht zu jeder Reise hinter dem Signet □.

Das zwischen Tiefenbach und Realp an der Furka-Bergstrecke gelegene Steffenbachtobel, ein recht gefährlicher Lawinenzug, wird von einer 47 Tonnen schweren, beweglichen Stahlkonstruktion überspannt. Jedes Jahr im Mai, vor der Aufnahme des durchgehenden Betriebs, wurde diese Brücke zusammengesetzt und im Oktober wieder demontiert. Durch den Basistunnel schien ihr Schicksal besiegelt, doch die Geschichte will es, dass die Strecke wieder mit Dampf befahren wird und die Brücke weiterbesteht.

Not macht erfinderisch

Während des Baus der Furkabahn im Ersten Weltkrieg wurde das Steffenbachtobel durch eine solide Steinbrücke mit drei Öffnungen von je zehn Metern überspannt. Bereits 1915, bevor die Strecke durchgehend von Brig nach Disentis befahren werden konnte, fegte eine mit Felsblöcken durchsetzte Grundlawine dieses Viadukt weg. Die mit dem Gebirge nicht vertrauten Erbauer wussten sich nicht zu helfen und stellten den Bau an der Bergstrecke ein. Die Lösung des Problems fand erst die Nachfolge-Gesellschaft. Sie organisierte einen Wettbewerb für eine zerlegbare Brücke. Aus dieser Konkurrenz ging als bester Entwurf das Projekt der bekannten Brückenbaufirma Th. Bell & Cie. AG in Kriens/Luzern hervor. Am 5. August 1925 konnte die neue Brücke in Dienst genommen werden. Es ist eine Stahlkonstruktion von 32 Meter Länge und einer grössten Höhe über Grund von 17 Metern. Um der Steffenbachlawine freien Durchgang zu ermögli-

chen, kann die Brücke in drei Teile von je ca. 12 Metern zerlegt und vollständig auf die beiden Widerlager zurückgezogen werden. Die 47 Tonnen wiegende Stahlkonstruktion kostete damals 19500 Franken.

Eine Brücke zieht sich zurück

Im Spätherbst wird die Brücke auf ihre Widerlager zurückgezogen. Dazu wurden früher 16 Mann der Bahndienstgruppen Andermatt und Disentis, Akrobaten und Schwerarbeiter zugleich, eingesetzt. Die beiden benötigten Seilwinden, die von acht Mann bedient wurden, sind heute durch Motorwinden ersetzt, so dass die Arbeit mit der Hälfte der Leute ausgeführt werden kann.

Zuerst werden beide Winden bergseits der Brücke auf den Schienen montiert. Nach dem Lösen des Verbindungsbolzens wird das mit einem Scharnier am talseitigen Brückenteil befestigte Mittelstück niedergeklappt. Dann wird nach dem Umspannen der Drahtseile und Fla-

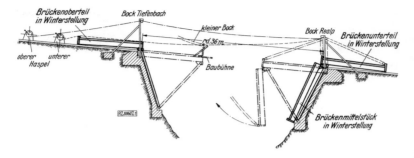

Die Steffenbachbrücke ist so konstruiert, dass sie mit geringstem Aufwand auf- und abgebaut werden kann. (Aus: Zs. Verein deutscher Ingenieure, a.a.O., S. 357)

schenzüge das bergseitige Teilstück vom Widerlager angehoben und auf dem Geleise zurückgezogen. Damit wird auch die vier Tonnen schwere bergseitige Strebe an das gemauerte Widerlager zurückgezogen. Nun werden die Drahtseile und Flaschenzüge über das Tal hinweg gespannt, um über Umlenkrollen auch den talseitigen Brückenteil anzuheben und zurückzuziehen. Das Mittelstück der Brücke kommt dabei samt der Strebe ans Widerlager zu liegen. Da bei diesem Arbeitsgang das Talstück mit dem heruntergeklappten Mittelstück nur an den beiden Seilen hängt, wird von der Mannschaft an den Winden auf der gegenüberliegenden Talseite äusserste Konzentration verlangt. Eine Unachtsamkeit würde genügen, und der 30 Tonnen schwere Teil würde ins Tobel stürzen.

Aufbau der Steffenbachbrücke (Foto: Furka-Oberalp-Bahn)

Wenn die zurückgezogenen Brückenteile in ihrer Winterstellung gesichert und die Winden und Flaschenzüge im Unterstand versorgt sind, kann der Winter Einzug halten, ohne die Brücke zu gefährden. Im Frühjahr wird sie nach dem gleichen Prinzip aufgezogen.

Absturz der Brücke

Am Morgen des 20. Mai 1965 war es wieder einmal soweit. Die Brücke über den Steffenbach musste montiert werden, damit die Furka-Oberalp-Bahn ihren Sommerfahrplan aufnehmen konnte. Routinemässig wurde mit den Arbeiten begonnen. Beim Ausfahren des unteren Brückenteils fiel durch einen Defekt am unteren Wellenbock plötzlich die ganze Konstruktion in die Seile. Durch die Erschütterung brach der Mittelteil aus den Gelenken und stürzte in die Schlucht. Der Schaden konnte nur mit Hilfe einer Brückenrotte der SBB und mit Mechanikern der Erbauerfirma Th. Bell & Cie. behoben werden. Das abgestürzte Mittelstück wurde gehoben und wieder am Talstück befestigt. Dann konnte die Brücke ordnungsgemäss weiter aufgezogen werden. Nachdem die Ingenieure der eidgenössischen Aufsichtsbehörde die reparierte Brücke besichtigt und den Betrieb freigegeben hatten, konnte die Furka-Oberalp-Bahn mit einigen Tagen Verspätung ihren Sommerbetrieb aufnehmen.

Die Dampfbahn Furka-Bergstrecke AG

Als 1982 durch die Eröffnung des Basistunnels die FO den Ganzjahresbetrieb aufnahm, sah es düster aus um die berühmte Bergstrecke. Weil keine geeignete Trägerschaft für Unterhalt und Betrieb in Sicht war, wollte die Direktion der FO diese Strecke abbrechen lassen. Noch im September desselben Jahres wurde jedoch ein Komitee zur Rettung der Strecke gegründet, das weitere private Interessenten für das Rettungsvorhaben suchte. Am 3. Dezember 1983 wurde in Bern der Verein Furka-Bergstrecke (VFB) mit über 300 Mitgliedern gegründet. Aufgrund des Konzepts, das der Verein ausarbeitete, beschloss der Verwaltungsrat der FO, auf den Abbruch der Strecke zu verzichten, und die Verhandlungen über eine Abtretung wurden aufgenommen. Für die Finanzierung des Projekts wurde die Dampfbahn Furka-Bergstrecke AG (DFB) gegründet. Diese konnte die Strecke Realp — Gletsch von der FO käuflich und die Strecke Gletsch — Oberwald im Baurecht erwerben. Damit begannen die langwierigen und zum Teil sehr heiklen Instandstellungs- und Unterhaltsarbeiten. Bereits im Sommer 1991 werden auf dem Teilstück Realp — Tiefenbach wieder Dampfzüge verkehren. In einer zweiten Etappe soll es ab 1993 wieder möglich sein, den Rhonegletscher vom Zug aus zu betrachten, da dieser dann bis Gletsch verkehren wird. Der Vollbetrieb auf der Strecke Realp — Oberwald ist erst für das Jahr 1996 geplant. Bis dahin dürften noch viele Fronstunden an der teilweise vollständig zerstörten Strecke zu leisten sein.

Die Loks der DFB

Eine erste Dampflokomotive, die 1902 in Winterthur gebaute «Weisshorn» der Visp-Zermatt-Bahn, haben im Juni 1988 die Churer Schulkinder der DFB geschenkt. Nach der Totalrevision wartet diese Lok nun im neuen, blauen Kleid nach 23jährigem Denkmaldasein auf eine aktivere Zukunft.

Man erinnerte sich auch, dass die FO 1947 vier Lokomotiven nach Vietnam verkauft hatte. Dort verkehrten sie nördlich von Saigon, von Thap-Cham am Meer bis ins 1492 Meter hoch gelegene Da Lat. Bis 1976 waren diese Lokomotiven in Vietnam im Einsatz. Danach verschwanden sie, und niemand wusste genau, wo sie zu finden waren. Im Herbst 1985 entdeckte ein für die ETH tätiger Seismologe in Da Lat die vier Loks. Zwei der Maschinen waren in einem alten Schuppen abgestellt und noch in gutem Zustand. Zwei weitere, die ehemaligen Nummern 8 und 9 der FO, standen im Freien, und der Dschungel hatte bereits Besitz von ihnen ergriffen. Diese vier Lokomotiven wurden bereits in die Schweiz zurückgeschafft. Zwei von ihnen werden revidiert, während die anderen als Ersatzteilspender dienen

Bereits hatte der Dschungel von ihnen Besitz ergriffen: Schweizer Dampflokomotiven, darunter Original-Furka-Loks, in Vietnam. (Foto: Dampfbahn Furka-Bergstrecke AG)

Die ehemalige Dampflokomotive FO 1 bei einer Zwischenlagerung beim Abtransport in Vietnam (Foto: DFB)

Die HG³⁄₄, ehemals FO-Lok Nr. 1

Vierzylinder-Heissdampf-Verbund-Lokomotive mit getrennten Adhäsions- und Zahnradtriebwerken. Aussenliegende Hochdruckzylinder für Adhäsionsbetrieb und innenliegende Niederdruckzylinder für Zahnradbetrieb. 2 Triebzahnräder, eigener Barrenrahmen für das Zahnradtriebwerk, Kolbenschieber, Gegendruckbremse.
Betriebsnummer: FO 1
Betriebsnummer: VHX 31-201
Baujahr: 1913, Hersteller: SLM
Fabriknummer: 2315
Dienstgewicht: 44 t
Leistung: 600 PS, 440 kW
Vmax Adhäsion: 45 km/h
Vmax Zahnstange: 20 km/h
Anhängelast: 60 t auf 110 ‰ bei 18 km/h

sollen. Zusätzlich werden zwei für die Vietnamesische Staatsbahn hergestellte, grössere SLM-Loks in die Schweiz zurückgebracht. Damit wird die DFB neben weiterem Rollmaterial über sechs Dampfloks verfügen, und bald werden diese Maschinen wieder über den Berg dampfen.

Literatur:
Bewegliche Brücke über den Steffenbach. Anleitung für die Montage u. Demontage, Maschinenfabrik Th. Bell & Cie., Kriens, Juli 1926 (Xerox).
Dampfbahn Furka-Bergstrecke AG, Oberwald (DFB AG) und Verein Furka-Bergstrecke, Gletsch (VFB) (Hrsg.): Die Furka-Bergstrecke. Aachen 1989, erweiterter Sonderdruck aus: Schweers, Hans: Furka-Oberalp — eine Alpenbahn im Wandel, Aachen 1988.
Fessler, Peter: Zerlegbare Brücke für ein Lawinengebiet. In: Zeitschrift des Vereins deutscher Ingenieure, München, Bd. 77, Nr. 13, April 1933.
Heuberger, Werner: Eine Brücke zieht sich zurück. In: Eisenbahn-Amateur, Dezember 1980.
Heuberger, Werner; Schwabe, Hansrudolf; Werder, Rudolf: FO Brig-Furka-Disentis. Bau, Betrieb und Rollmaterial einer wichtigen Alpenbahn, Pharos Verlag, Basel, ohne Jahr (1980/81 ?).
Staffelbach, H.: Die Steffenbachbrücke. In: VST-Revue, Bern, August 1950.

15

Nach Göschenen (□600) oder von Brig oder Disentis mit der Furka-Oberalp-Bahn direkt nach Realp (□610)

 Von Göschenen nach Realp, ca. 30 Minuten (□610)

 Von Realp nach Tiefenbach, ca. 30 Minuten (verkehrt nur im Sommer)

 Von der Station Tiefenbach entlang der rechten Talflanke zurück nach Realp, ca. 1 Stunde

 Der erste Teil der Wanderung führt nicht auf einem Weg, sondern über die Alpwiesen. Eine gute Wanderausrüstung ist notwendig. Auskunft über die Route gibt das Bahnpersonal. Es ist strengstens untersagt, das Eisenbahntrassee zu betreten!

Durch die Kehrtunnels der nördlichen Gotthardrampe gelangen wir mit der SBB nach Göschenen. Dort steigen wir auf die Zahnradstrecke der Furka-Oberalp-Bahn um, die uns durch die Schöllenenschlucht nach Andermatt bringt. Von hier geht es weiter Richtung Furkapass bis Realp, wo wir auf die Furka-Bergstrecke der DFB umsteigen. Anfänglich verläuft die Bahnlinie neben der Furkareuss. Kurz nach der Einfahrt in die Zahnstange überqueren wir die Reuss über die Wilerbrücke, und das Tal gewinnt einen schluchtartigen Charakter. Der Zug steigt nun links der Reuss auf dem aufwendig renovierten Trassee durch die drei Alt-Senntumstafel-Tunnels. Kurz darauf überqueren wir auf dem berühmte-

Ein Bild aus vergangener Zeit: DFB-Dampfzug mit der neu revidierten Lokomotive HG ²/₃ «Weisshorn» auf der Steffenbachbrücke (Foto: DFB)

sten Bauwerk der Furka-Bergstrecke das Steffenbachtobel. Nun wird das Tal wieder breiter, und an der Haltestelle Tiefenbach verlassen wir den Zug.

Die Wanderung zurück nach Realp erfolgt entlang der rechten Talflanke oberhalb des Eisenbahntrassees. Der Weg, oft nur Rindertritte, führt über extensiv bewirtschaftete Alpwiesen mit reichhaltiger Flora und Fauna. Alpenrosen, Erika, Heidelbeeren, aber auch verschiedene Insekten und Schmetterlinge finden hier ihre idealen Lebensbedingungen. Nebenbei bemerkt: Die Blumen sind da, um bewundert zu werden, und

danken es uns, wenn wir sie stehen lassen!

Das Steffenbachtobel queren wir etwa 50 Meter oberhalb der Eisenbahnbrücke. Von dieser Stelle aus kann man das technische Unikum besser sehen als vom Zug aus. Hier gewinnen wir auch einen Eindruck von der Lawine, die Winter für Winter dieses Tobel hinunterfegt. Wenn wir den Weg entlang weitergehen, kommen wir an den Melkplatz des Alt-Senntumstafels und von dort auf die Strasse aus dem Witenwasserental. Diese Strasse führt uns hinunter zur Wilerbrücke und zurück zum Bahnhof Realp.

Ganz wie ein Kehrtunnel, aber ohne Tunnel
Der Kreisviadukt von Brusio

Die Rhätische Bahn RhB muss mit schwierigen topographischen Verhältnissen und extremen Höhenunterschieden fertig werden. Ihre Geleise führen durch nicht weniger als 115 Tunnels, Kehrtunnels und Galerien, über 500 Brücken, Viadukte und Wendeschleifen. Im Puschlav liessen sich die Ingenieure etwas ganz Besonderes einfallen, um das steile Gelände zu meistern: den berühmten Kreisviadukt von Brusio.

Einfach und billig: die Spitzkehre

Als mit der Eröffnung des Gotthardtunnels 1882 der einst rege Passverkehr Graubündens praktisch zusammengebrochen war, stürzte der Alpenkanton in eine wirtschaftliche Krise, die erst mit dem Bau der Rhätischen Bahn RhB (1889 — 1914) überwunden wurde. Diese grösste Privatbahn der Schweiz betreibt heute eines der eindrücklichsten Bahnnetze der Welt — ein Werk der Superlative, denn die extremen topographischen

Unter dem dritten Brückenbogen des «Schnecken-Viaduktes» hindurch zwängt sich die Berninabahn bei Brusio im Puschlav. (Foto: RhB, Chur)

Berninabahn mit dem grossartigen Panorama von Montebello (Foto: RhB, Chur)

Schwierigkeiten zwangen die Erbauer zu ebenso extremen Lösungen.

Angesichts der riesigen Höhenunterschiede mussten die Ingenieure und Architekten alle Register ihres Könnes ziehen. Die RhB strotzt vor Kehrtunnels und Wendeschleifen, Brücken, Viadukten, Galerien und anderen Kunstbauten. Als einfachste und kostengünstigste Methode, auf engstem Raum an Höhe zu gewinnen, war bei Klosters gar eine «Spitzkehre» realisiert worden. Die Nachteile (Rangierarbeiten, Zeitverluste) hielten sich damals in Grenzen, weil die Lokomotiven in Klosters ohnehin lange halten mussten, um Wasser nachzutanken. Als der Faktor Zeit jedoch immer wichtiger wurde, trat 1930 ein Kehrtunnel an die Stelle der Spitzkehre.

Zwar ist die Spitzkehre von Klosters in der ganzen Alpenwelt die einzige geblieben. Geprüft wurde diese Möglichkeit aber immer wieder. Auch die Ingenieure der A.-G. Alb. Buss & Cie. in Basel, die 1905 mit dem Bau der Berninabahn beauftragt worden waren, hatten ursprünglich zwei Spitzkehren vorgesehen, je eine bei Pontresina und Cavaglia. Doch die Auftraggeber winkten ab. Es war beileibe nicht das einzige Mal, dass die Linie neu gewählt werden musste. Zu viele «Köche» gab es, die das Projekt beeinflussen und mitreden konnten; nur ist es ihnen im Falle der Berninabahn nicht gelungen, den «Brei»

19

dadurch zu verderben. Denn die Berninabahn gilt heute als eine der schönsten Alpentransversalen der Welt überhaupt. Sie wurde ja auch von allem Anfang an als Touristenattraktion geplant. Und die Erbauer hatten darauf zu achten, dass möglichst wenige Tunnels den Blick auf die herrliche Bergwelt verstellten. So wurde die Berninabahn zur einzigen Bahn der Schweiz, welche die Alpen offen, ohne Basistunnel überquert. So wurde sie zur höchsten Adhäsionsbahn Europas und zur steilsten der Welt, die ohne Zahnrad auskommt.

Pioniertat im steilen Gelände

Ausgehend von St. Moritz (1775 m ü. M.), vorbei an den Eisriesen der Ber-

ninagruppe, erreicht die Bahn auf 2253 m ü. M. die von Bergseen gesäumte Passhöhe. Von hier bis zu den Palmen des italienischen Tirano (429 m ü. M.) überwindet sie auf nur 38,4 Kilometern ein Gefälle von 1824 Metern. — Was für eine Herausforderung für die Ingenieure! Das Tal von Brusio beispielsweise hat fast durchwegs ein Gefälle von etwas mehr als 70 Promille, was die künstliche Verlängerung der Strecke unumgänglich machte. Oberhalb von Brusio genügte eine doppelte Kehrschleife, die unmittelbar in den Bahnhof des Ortes mündet. Doch gerade der Bahnhof bot Anlass zu vielen Streitereien: Zwei Varianten standen zur Debatte, bis sich schliesslich das Volk in einer Abstimmung für die Lage oberhalb des Dorfes entschied. Dies aber be-

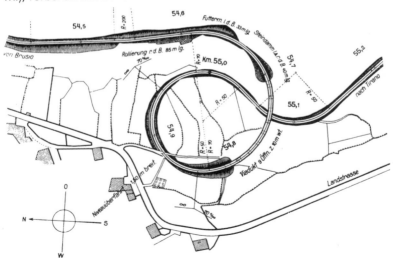

Lageplan 1:4000 des Kreisviaduktes von Brusio (Ingenieurbüro A.-G. Alb. Buss & Cie, Basel, 1906). (Aus: H. Wall, a.a.O.)

20

dingte die Querung einer langen und steilen Geröllhalde, aus der das Trassee nur schwer wieder herauszuführen war. Als Lösung präsentierte das Basler Ingenieurbüro den berühmten Kreisviadukt von Brusio: eine volle, offene Kehre auf einem 110 Meter langen, schneckenförmigen Viadukt mit neun Öffnungen zu je 10 Meter Breite. Die Spirale zur Höhengewinnung, bei Alpenbahnen sonst nur in den sogenannten Kehrtunnels verwirklicht, wurde hier erstmals bei offener Linienführung erreicht.

Literatur:
Bosshard, E.: Die Berninabahn. Sonderabdruck der Schweiz. Bauzeitung, Band LIX. Zürich und Leipzig, Kommissionsverlag Rascher & Cie., 1912.
Wall, Henning: Bernina. Vom Engadin ins Veltlin. Aachen, Verlag Schweers & Wall, 1982.

Abstieg vom ewigen Schnee zu den Palmen Italiens

 Von St. Moritz über den Berninapass nach Miralago, 2 Stunden (□950)

 Abstieg von Miralago nach Brusio, 1 Stunde 15 Minuten

 Von Brusio nach St. Moritz, 2 Stunden 10 Minuten (□950)

Oder:
Von Brusio nach Tirano (Italien), 22 Minuten (Pass oder Identitätskarte unerlässlich) und zurück nach St. Moritz, 2 Stunden 20 Minuten (□950)

 Wanderschuhe

Die Berninabahn in Tirano (Foto: Harald Navé, Egg)

An nicht weniger als drei Gletschern führt die Berninabahn in nächster Nähe vorbei: am gewaltigen Morteratschgletscher, am Cambrenagletscher über dem milchfarbenen Lago Bianco (Weisser See) und am Palügletscher. Kann die Bahn im Sommer offene Panoramawagen über die Passhöhe führen, so muss sie sich im Winter, der hier rund acht Monate dauert, durch meterhohen Schnee fräsen. Es empfiehlt sich also, den Abstieg von Miralago (965 m ü. M.) nach Brusio (780 m ü. M.) im Sommerhalbjahr unter die Füsse zu nehmen.

Die Wanderung beginnt bei der Post in Miralago und führt zunächst aufwärts an der Kirche vorbei. Nach einer Unterführung zweigt der Weg nach links ab und verläuft auf der Stützmauer der Berninastrasse südwärts bis zur Güterstrasse Richtung Golbia. Vor uns glitzert der Lago di Poschiavo, und im Hintergrund leuchtet das Berninamassiv. Diesem Weg folgen wir etwa 100 Meter auf-

wärts und biegen dann links zu einer Weide ab. Entlang eines alten Bewässerungskanales, der uns durch den lichten Tannenwald leitet, erreichen wir bald eine Naturstrasse, der wir abwärts bis zur nächsten Kehre folgen. Unterhalb dieser Kehre führt ein flacher Weg rechts von der Strasse weg. Das ist der Weg, der uns durch Weiden, Wald und Geröll nach Brusio hinunterbringt. Immer wieder lässt sich ein Blick auf den Kreisviadukt erhaschen. Wenn die ersten Kastanienbäume am Wegrand stehen, sind wir Brusio schon sehr nahe.

Wer dem Ausflug noch die Krone aufsetzen möchte, wird im Bahnhof Brusio die Berninabahn ein zweites Mal besteigen, um sich durch die bezaubernde Weinlandschaft des Veltlins nach Tirano mitnehmen zu lassen. Auf den letzten Kilometern «verwandelt» sich die Hochgebirgsbahn in eine gemächliche Strassenbahn, die sich wie ein Tram durch die engen Gassen Tiranos zwängt.

Die hohe Kunst des Brückenbaus
Der Grandfey-Viadukt bei Freiburg

Der Grandfey-Viadukt der SBB über den Saanegraben zwischen Freiburg und Düdingen besitzt eine unwiderstehliche Anziehungskraft. Technische Glanzleistungen haben sich hier mit der einzigartigen Landschaft verbunden. Der Brückenbau ist ein Stück Eisenbahngeschichte und Baugeschichte zugleich: Das heutige Bauwerk aus Beton ersetzte die frühere Konstruktion aus Eisen.

In schwindelnder Höhe
über dem Wasser

Der Gang durch die Fussgängerbrücke des Viaduktes von Grandfey ist ein Gang durch die eigene Gefühlswelt. Oben über dem Kopf donnern in regelmässigen Abständen die SBB-Züge der Hauptlinie Bern—Freiburg—Lausanne über die Schienen. Das grundsolide Bauwerk vibriert bis in die Fundamente. Angstgefühle oder zumindest ein leichtes Schaudern lassen sich auch beim hundertsten Mal nicht verleugnen. Hält diese Brücke dem Gewicht der schweren Züge stand? Der Blick in die Tiefe auf den Spiegel des Schiffenensees, immerhin über 70 Meter, fördert das Vertrauen kaum. Man schreitet durch eine endlos scheinende Reihe von grauen Betongewölben und denkt an eine Tropfsteinhöhle. Unheimlich wirkt dieser Ort schon bei Tageslicht, nachts ist er furchteinflössend.

«Am Sonntag haben wir die Grandfey-Brücke besucht. Ich schikke Ihnen diese Ansicht. Sie ist wirklich

Grandfey-Viadukt und Schiffenensee (Foto: Harald Navé, Egg)

wunderschön. Wir befanden uns gerade darunter, da fuhr ein Zug darüber. Das hat die Brücke erzittern lassen. Man sieht fast nicht von einem Ende zum andern.» Diese Sätze schrieb ein begeisterter Reisender kurz nach 1900 auf eine Postkarte. Er besuchte damals noch die alte, eiserne Brücke, die ebenfalls einen Übergang für Fussgänger besass. Die alte wie die neue Brücke, die wie selbstverständlich mit der Landschaft der Saane verschmelzen, haben stets fasziniert. Wild ist es hier draussen, unmittelbar am Stadtrand von Freiburg, noch immer, obwohl die Saane seit 1964 als Schiffenensee gestaut wird und nur 200 Meter flussabwärts der Autoverkehr der N 12 über den Magdalenenviadukt braust.

Es erstaunt nicht, wenn sich Legenden bilden, die diese Brücken den berühmtesten Ingenieuren zuschreiben: Der Franzose Gustave Eiffel, der Erbauer des Eiffelturms, soll laut Volksmund die Eisenbrücke gebaut haben, der Schweizer Robert Maillart (Salginatobel-Brücke bei Schiers GR) die Betonbrücke. Richard Serra, der amerikanische Superstar unter den zeitgenössischen Künstlern, liess sich — sichtlich beeindruckt — zu einer Eisenplastik inspirieren: Zwei eiserne Winkel zieren heute die beiden Aufgänge zur Fussgänger-Galerie.

Pioniertat des Eisenbaues

Die feierliche Einweihung der gusseisernen Grandfey-Brücke im Jahre 1862 war ein bedeutender Tag für das schweizerische Transportwesen. Die durchgehende Öffnung der Hauptlinie Bern — Freiburg — Lausanne schuf endlich eine schnelle Verbindung zwischen Deutschschweiz und Westschweiz. Es war auch ein bedeutender Tag für die Ingenieure. Noch 1852 hatten englische Experten den Saanegraben zwischen Freiburg und Düdingen für unüberwindbar gehalten. Der Ingenieur L. Blotnitzki fand schliesslich eine innovative Lösung, die zugleich billig war: eine Eisenbrücke in Form eines Fachwerkträgers, der von sechs Pfeilern getragen und mit zwei massiven Widerlagern an den beiden Ufern verankert wurde. Die französische Firma Usines Schneider und Cie., die Eiffel nahestand und mit der neuesten Technik des Eisenbaues vertraut war, übernahm zwischen 1857 und 1862 die Ausführung. Die Pfeiler, vorfabrizierte Röhrenpfeiler auf massiven Sandsteinsockeln, wurden in Abständen von 45 bis 49 Metern an die Abhänge und ins Flussbett gestellt.

Der Träger wurde in Vorschubtechnik aufgebaut, einer Technik, die damals neu war und vor allem schnell. Pfeiler und Balken wurden innerhalb von zwei Monaten verlegt. Der Balken wurde Stück für Stück auf der Düdinger Seite zusammengesetzt und vernietet. Dann setzten 16 Mann mit Seilwinden die auf Rollen verschiebbare Konstruktion in Bewegung. Bei der letzten Verschiebung mussten mit Menschenkraft 1470 Tonnen in Bewegung gesetzt werden. Diese Technik ersparte das Baugerüst, da über den herausragenden

Die Eisenbrücke des Grandfey, gebaut zwischen 1857 und 1862, war bis zu ihrem Umbau die längste Brücke der Schweizerischen Bundesbahnen (Foto ca. 1900).

Balken jeweils der folgende Pfeiler aufgebaut werden konnte. 500000 Nieten hielten die Teile zusammen. Die Brücke mit einer Länge von 382,64 Metern und einer Höhe von 82 Metern blieb bis zum Umbau 1925 das grösste Bauwerk der Schweizerischen Bundesbahnen. Übrigens wurde rund 100 Jahre später die Magdalenenbrücke der N12 nach der gleichen Vorschubtechnik verlegt. Nur war inzwischen das Material des Trägerkastens aus Stahl, die Pfeiler aus Beton.

Beton für grössere Lasten

Die alte Eisenbrücke war schon mit dem Gewicht der Dampfzüge bis zum Äussersten strapaziert. Seit im Juni 1891 beim Einsturz einer Eisenbrücke über die Birs bei München-

stein 75 Menschen ums Leben kamen, wurde der bauliche Zustand der Grandfey-Brücke monatlich überprüft. Schliesslich wurde die Geschwindigkeit der Züge auf 40 Stundenkilometer herabgesetzt, Bremsen war verboten. Die Elektrifizierung der SBB und eine neue Generation von schnelleren und schwereren Lokomotiven bedeuteten dann das Ende der Brücke. Beinahe jedenfalls, denn der geplante Neubau erwies sich als zu teuer. Die Abteilung Brückenbau der SBB, die unter Ingenieur Adolf Bühler für Berechnungen und Bauleitung zuständig war, entschied sich für eine Umbauvariante. Die massiven Widerlager wurden übernommen und die Pfeiler als Armierungen für neue Betonpfeiler benutzt. Der Trägerbalken dagegen wurde durch neue, grosse Gewölbe und Aufbauten aus Beton ersetzt. An den schwierigen Berechnungen wirkte ein ganzes Team von Ingenieuren mit, unter ihnen als Experte der Baufirma Prader & Co. auch Robert Maillart. Die Erfahrungen bezüglich der Betonqualität und des Betonbaus waren damals noch relativ gering.

Der Bau der neuen Brücke erfolgte ohne die geringste Störung des Zugverkehrs; nicht einmal Nachtzüge mussten ausfallen. Zuerst wurden die Pfeiler eingegossen, dann die grossen Gewölbe im System Melan gebaut, d.h., man benutzte eiserne Lehrgerüste, die zugleich als Schalungsgerüste und als Armierung dienten. Schliesslich zog man schrittweise die Pfeilerspitzen und die kleinen Zwischenbogen hoch und zog den neuen Gehsteig und die Fahrbahnplatte ein. Die Arbeit an den Arkaden unter der Fahrbahn zeigt die Schwierigkeiten, mit denen sich die Ingenieure herumschlugen: Wegen des Zugverkehrs mussten diese stückweise gefertigt werden, erst flussaufwärts, dann flussabwärts, dann in der Mitte. Die alten Eisenträger wurden in Stücken von bis zu zwei Tonnen Gewicht nach und nach mit Brennverfahren abgeschnitten.

Bis zu 160 Arbeiter waren auf der Baustelle tätig. 26100 Kubikmeter Beton, 1500 Tonnen Eisen und 1000 Kubikmeter Holz für die Schalungen wurden benötigt. Die Bauzeit zwischen März 1925 und Dezember 1926 war fast ein Jahr kürzer als vorausgesagt.

Literatur:
Bühler, Adolf: Der Umbau des Grandfey-Viaduktes der Schweizerischen Bundesbahnen. In: Hoch- und Tiefbau, Schweizerische Baumeister-Zeitung. Nr. 16—22, Zürich 1928.
brennpunkt region. Zeitschrift von Pro Freiburg, 18/1986 und 22/1987.

1925—1927 wurde die neue Betonbrücke gebaut. Die alten Pfeiler dienten als Armierung (Postkarte vom Oktober 1925). (Beide Abb. Inventarisation Kt. Freiburg)

Sprung über den Saanegraben

 Vom Bahnhof Freiburg zum Murtentor, 10 Minuten (□ 100.00 [31], Nr.1)

 Vom Murtentor durch die Palatinat-Allee zum Grandfey-Viadukt, 20 Minuten

 Vom Grandfey-Viadukt bis zum Bahnhof Düdingen, entlang der Eisenbahnlinie Bern — Freiburg — Lausanne, 1 Stunde
Variante: Besuch der Madeleine-Grotte und des Viaduktes der N 12 (30 Minuten), dann zurück zum Bahnhof Freiburg

 Von Düdingen nach Freiburg, 6 Minuten (□290)

 Bequeme Schuhe

Leider führt nicht mehr wie einst ein Tram bis zum Gartenrestaurant neben dem Grandfey-Viadukt. So machen wir einen Spaziergang durch die Freiburger Altstadt oder fahren mit dem Bus bis zum mittelalterlichen Murtentor. Dort führt der Weg nach rechts, durch die schöne Allee des Palatinat, vorbei an mehreren Villen, bis zum Grandfey-Viadukt. Wer sich die Madeleine-Klause ansehen will, eine imposante Höhle, die von Einsiedlern in Handarbeit in den Fels über dem Saanegraben gehauen wurde, zweigt auf der Düdinger Seite des Viaduktes sofort nach links ab und folgt dem Waldrand bis zum Viadukt der N 12. Wer von dort zum Bahnhof Freiburg zurück möchte, macht hier Rechtsumkehrt. Wer noch Lust auf einen Spaziergang hat, wählt den Fussweg nach Düdingen, der bis zum Dorfeingang der Eisenbahnlinie folgt.

Vorhang auf für zwei Ventilatoren
Die Belüftungsanlage am Grenchenberg-Eisenbahntunnel

Autotunnels müssen mit grossem Aufwand künstlich belüftet werden. Bei der abgasfreien Bahn dagegen bleibt die Luft in den Tunnels geniessbar. Früher war das allerdings anders: Als die Tunnels immer länger und die Dampflokomotiven immer zahlreicher wurden, blieben die Rauchschwaden im Innern der Tunnels stecken und gefährdeten die Gesundheit der Reisenden.

Dampflokomotiven — gesundheitsschädigendes Teufelswerk

Die Dampflokomotiven, die das Bild auf den Schweizer Schienen bis an die Schwelle unseres Jahrhunderts dominierten, pflegten bei der Bevölkerung nicht nur Freude und Begeisterung, sondern auch Angst und Schrecken auszulösen. In den stählernen, Feuer und Rauch speienden Ungeheuern, die ohne jede Muskelkraft durch die Lande jagten, wollten viele den Teufel persönlich am Werk sehen. Würden die Rauchwolken und Dampfstösse nicht das grasende Vieh erschrecken, die Hühner beim Eierlegen stören und die Kornfelder schädigen? Als 1835 die erste deutsche Eisenbahn von Nürnberg nach Fürth fuhr, warnte eine hohe bayrische Ärztekommission: «Das Reisen mit irgendeiner Dampfmaschine sollte aus Gesundheitsrücksichten verboten sein. Die raschen Bewegungen werden bei den Passagieren eine geistige Unruhe, Delirium furiosum genannt, hervorrufen. Der Staat muss wenigstens die Zuschauer beschützen; denn allein der Anblick einer Lokomotive, die in voller Schnelligkeit dahinrast, genügt, diese schreckliche Krankheit zu erzeugen.»

Dicke Luft im Gotthard

Derartige, oft übertriebene Bedenken vermochten das ausgebrochene Eisenbahnfieber jedoch in keiner Weise abzukühlen. Als aber die «Dampfrosse» immer grösser und zahlreicher wurden, erinnerten sich viele an die warnenden Stimmen von einst. Denn in der Nähe von grossen Bahnhöfen, besonders aber in längeren Tunnels, machte sich die starke Rauch-, Russ- und Gasentwicklung immer unangenehmer bemerkbar. Namentlich am Gotthard wurden die Verhältnisse so unerträglich, dass sich die Bahnverwaltung noch vor der Jahrhundertwende entschloss, den Tunnel künstlich zu belüften.

Man wählte dazu das System des Ingenieurs Saccardo: Zwei riesige Ventilatoren beim Nordportal bliesen grosse Mengen Frischluft in einen rings um das ganze Tunnelprofil geführten Kanal, aus dem die Luft durch einen engen Schlitz mit hoher Geschwindigkeit gegen das Südportal hin ausgestossen wurde. Diese Anlage, vom Prinzip her nichts anderes als ein gigantischer Luftinjektor, verbesserte die Verhältnisse im Tunnel spürbar. In seinem Innern konnte fortan eine Luftbewegung von einem Portal zum andern erzeugt werden, allerdings nur — und hier lag der grosse Nachteil dieses Systems, — solange das Wetter mitspielte. Ein starker Winddruck von Süden her konnte die Anlage allemal ausser Gefecht setzen.

Grenchenberg: Die bessere Lösung

Die Erfahrungen mit der Rauchplage lehrten die Bahnbehörden bald, bei künftigen Tunnelbauten von Anfang an eine Belüftung ins Auge zu fassen. So verfügte etwa der 8578 Meter lange, einspurige Grenchenbergtunnel schon bei seiner Eröffnung im Jahre 1915 über eine solche Anlage. Hier sollte aber nicht das System von Saccardo zur Ausführung gelangen, sondern ein moderneres, vom Wetter

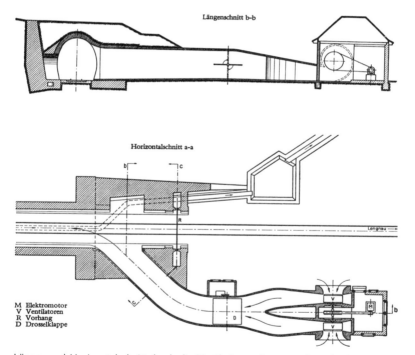

Längs- und Horizontalschnitt durch die Ventilationsanlage am Grenchenbergtunnel, Massstab 1:375 (Aus: Thiessing, René (Red.): Ein Jahrhundert Schweizer Bahnen 1847—1947. Band II, S. 57)

29

gänzlich unabhängiges. Dazu gehörte ein spezielles Ventilationsgebäude beim Südportal des Tunnels. Darin waren zwei imposante Ventilatoren (Durchmesser: 3,5 Meter) untergebracht, die — angetrieben von einem 200 PS starken Elektromotor — Frischluft ansogen und ins Tunnelinnere bliesen. Mit einer Saugleistung von 75 Kubikmetern pro Sekunde vermochten die beiden «Schaufelräder» im Tunnel einen Luftstrom von 3,0 Metern pro Sekunde zu erzeugen, so dass die gesamte Tunnelluft alle 50 Minuten vollständig erneuert war.

Damit die Anlage auch bei widrigsten Luftdruckverhältnissen einwandfrei arbeiten konnte, musste das Südportal allerdings mit einem gewaltigen, in eiserne Rahmen gefassten Segeltuch-Vorhang verschliessbar sein. Dieser sorgte dafür, dass die zugeführte Frischluft nur in die gewünschte Richtung abziehen konnte. Im Gegensatz zum System von Saccardo, bei dem beide Tunnelmündungen offen blieben, erforderte das Vorhang-System eine ständige Wartung: Wenn ein Zug nahte, musste der Vorhang nämlich rechtzeitig gehoben und wieder gesenkt werden. Diese Aufgabe wurde bald von einer Lichtsignal-Anlage übernommen, die mit dem Vorhangmechanismus gekoppelt war.

Nachdem die schweizerischen Eisenbahnen heute allesamt elektrifiziert sind, ist die Rauchplage in den Tunnels behoben. Einige Belüftungsanlagen blieben aber bis auf den heutigen Tag bestehen und werden zum Teil sogar noch unterhalten,

Ansaugöffnung bei der stillgelegten Ventilationsanlage in Grenchen-Nord, am Südportal des Grenchenbergtunnels (Foto: BLS/Schneiter)

damit sie im Notfall oder bei Wartungsarbeiten wieder in Betrieb gesetzt werden können. Beim Südportal des Grenchenbergtunnels lässt sich das stillgelegte Ventilationsgebäude noch heute bestaunen. Der denkwürdige Vorhang und die Lichtsignalanlage hingegen wurden 1940, zwölf Jahre nach der Elektrifizierung, definitiv abgebrochen.

Literatur:
Thiessing, René (Red.): Ein Jahrhundert Schweizer Bahnen 1847–1947. Band II, Hrsg: Eidgenössisches Amt für Verkehr. Frauenfeld, Verlag Huber, 1949.
Belloncle, Patrick: Klein aber fein. 75 Jahre Moutier-Lengnau-Bahn. In: «Eisenbahn Zeitschrift» 8/9–90.

Durch den dichten Jurawald am Grenchenberg

 Von Biel oder Solothurn nach Grenchen-Süd, 13 Minuten (□231) bzw. 15 Minuten (□410)

 Von Grenchen-Süd bis Unterer Grenchenberg, 45 Minuten (□410.11) (verkehrt nur am Mittwoch, Samstag und Sonntag)

 Vom Unteren Grenchenberg durch den Wald hinunter zum Südportal des Grenchenbergtunnels und zurück nach Grenchen-Nord (1 Stunde 50 Minuten) oder Grenchen-Süd (2 Stunden)

 Von Grenchen-Nord nach Biel, 15 Minuten (□230), oder von Grenchen-Süd nach Solothurn, 15 Minuten (□410)

 Bequeme Schuhe

Der Autobus, der uns von der Bahnstation Grenchen-Süd hinauf auf den Unteren Grenchenberg (1295 m ü.M.) bringt, fährt nicht alle Tage. Es ist ein Bus für Wochenend-Ausflügler, welche die prächtige Aussicht auf die «Grenchner Witi» und die Berner Alpen geniessen wollen. Unzählige Wanderwege führen von hier hinunter ans Ufer der Aare oder der Birs, hinüber zum Bettlachberg oder hinauf zum Weissenstein.

Vom Unteren Grenchenberg, wo erschöpfte Wanderer im gleichnamigen Restaurant wieder zu Kräften kommen können, gibt es zwei Wege, die uns in die Nähe des Ventilationsgebäudes beim Südportal des Bahntunnels in Grenchen führen: einen steileren, der über Tag die Luftlinie des Grenchenbergtunnels auf 956 m ü.M. kreuzt (die Stelle ist markiert und mit einer Informationstafel versehen), und einen sanfteren, der via Stierenberg hinunter nach Schmelzi führt. Mit der steileren Variante gelangen wir durch die dichten Jurawälder am «Schlag» und bei «Büelen» schliesslich ins Grenchner Quartier «Studen». Von hier zum Tunneleingang und von dort zur Bahnstation Grenchen-Nord sind es dann nur noch wenige Schritte.

Der Bahnhof Grenchen-Nord liegt eingeklemmt zwischen zwei eindrücklichen Viadukten: dem Mösliviadukt mit einer Länge von 288 Metern und dem Oberdorfviadukt (292 Meter). Die beiden kunstvollen Bauwerke über den Dächern der Grenchner Altstadt mussten seinerzeit erstellt werden, um die Bahn auf die Höhe des Eingangsportals des Grenchenbergtunnels (Bauzeit 1911 – 1914) zu bringen.

Ausblick vom Grenchenberg (Foto: Peter Studer, Grosshöchstetten)

Bahnhöfe inspirierten schon zu Beginn des Eisenbahnzeitalters viele Künstler und Schriftsteller mit ihrer einzigartigen Atmosphäre. Wer kennt sie nicht, die bunten und bewegten Szenen auf den Bahnhöfen! Der Bahnhof war es, durch den Disziplin und Pünktlichkeit allgemeingültige Normen wurden, wo sich durch die neue Technik der Fortschrittsglaube entwickelte und wo das Reisen kultiviert wurde. Diese bedeutungsvolle epochale Wende widerspiegelte sich auch im äusseren Erscheinungsbild jedes einzelnen Bahnhofes. Unser Rundgang führt uns vom Zürcher Hauptbahnhof zum Bahnhof Stadelhofen; mit den Bahnhöfen Enge und Wiedikon schliessen wir ihn ab.

Der neue Pulsschlag

Mitte der 1830er Jahre wurden in Europa die ersten Eisenbahnstrecken in Betrieb genommen. Zweifelsohne wurde dadurch eine bisher nicht bekannte Dimension von Zeit und Raum geschaffen. Die durch die Eisenbahn erreichte Mobilität brachte für die Industrie und den Fremdenverkehr die lang ersehnte internationale Verbindung; aber auch in kultureller und sozialer Hinsicht waren die Veränderungen bald einmal spürbar. Bei dieser Entwicklung nahm der Bahnhof eine wichtige Funktion ein und bildete in den meisten Orten ein neues Zentrum politischer, wirtschaftlicher und gesellschaftlicher Aktivitäten.

Für Architekten und Ingenieure war der Bahnhof eine packende Herausforderung. Es galt bei diesem neuen Tor zur Stadt ein Mehrzweckgebäude zu schaffen, das mit noch nie dagewesenen Funktionen auszurüsten war. Die Ingenieure wandten dabei die neuen, erst im Brückenbau erprobten Baustoffe wie Eisen, Stahl und Beton an. Die Diskrepanz zwischen einem Repräsentativbau, der dem zeitgemässen Kunstempfinden entsprach, und einer nüchternen Zweckarchitektur war nicht unbedeutend. Auf der einen Seite standen die Architekten, die den Anspruch auf stilvoll Schönes hatten, und auf der anderen Seite die nach der neusten Technik orientierten Ingenieure.

Vom klassizistischen Stil zum postmodernen Bau

Die ersten in der Schweiz entstandenen Bahnlinien waren zunächst noch in den Händen von zahlreichen Privatunternehmen. Aus finanziellen Gründen mussten die meisten von ihnen auf aufwendige, kunstvolle Bahnhöfe verzichten. So wurden anstelle von Repräsentationsgebäuden einfache oder provisorische, zweck-

Noch heute erhalten: das im Châletstil 1864 von Jak. Friedrich Wanner nach Plänen von P.A. Tièche erbaute Stationsgebäude in Gisikon (Foto: Werner Stutz, Archiv H.P. Bärtschi, Winterthur)

orientierte Stationsgebäude errichtet. Wo aber genügend Geld vorhanden war, hatten die Architekten mehr Einfluss auf das visuelle Erscheinungsbild der Bahnhöfe. Aus dieser Zeit stammen denn auch beinahe alle epochalen Grossbauten, wie zum Beispiel die im klassizistischen Stil erbauten Bahnhöfe von Zürich und Luzern oder der Neubarockbau von St. Gallen. Hierher gehören aber auch die im lieblichen Heimat- oder Chaletstil gehaltenen kleineren Landbahnhöfe, die meist bis in die heutige Zeit unverändert blieben.

Nach dem grossen Eisenbahnkrach von 1877 aber, dessen Verluste astronomische Höhen annahmen, strich man die Auslagen zur Verwirklichung solcher Projekte zusehends. In unserem Jahrhundert wich die aus-drucksvolle, eigenständige Bahnhofarchitektur wieder vermehrt dem reinen Zweckbau. Glücklicherweise macht sich heute wieder ein neuer Trend bemerkbar, der die einzelnen Bahnhöfe vor der Vereinheitlichung rettet und den Architekten wieder mehr kreativen Spielraum zugesteht.

Zürichs neue Stadttore —
Beispiel Stadelhofen

Wie alle Bauten sind auch die Bahnhöfe dem Wandel der Zeit ausgesetzt und können als Spiegel der Gesellschaft oder Epoche bezeichnet werden. Mit der unaufhaltsamen und rasanten Entwicklung des Verkehrsmittels Bahn um die Jahrhundertwende gewannen die Bahnhöfe stark an Bedeutung,verloren diese jedoch durch das Aufkommen des Autos als Massenverkehrsmittel wieder, und nicht wenige fielen dabei dem Abbruch zum Opfer. Diejenigen, die sich davor retten konnten, wurden im Laufe der Zeit den neuen technischen Anforderungen angepasst und erhielten dabei auch gleich ein neues, meist modernes Gesicht.

Eine bemerkenswerte Entwicklung hat beispielsweise der Bahnhof Stadelhofen durchgemacht: Einst ein Hafen, wo Ledischiffe und gelegentlich auch Reisende von Rapperswil her landeten, empfing Ende des 19. Jahrhunderts an derselben Stelle ein Lokalbahnhof die ländlichen Marktfahrer vom linken Zürichseeufer.

Bei der Planung der S-Bahn glaubte man anfänglich, das 1894 erbaute spätklassizistische Aufnahmegebäude müsse einem neuen Bahnhof weichen. Schliesslich fand man die Lösung, indem man das Gebäude total aushöhlte und aussen vorzüglich renovierte und restaurierte. Heute präsentiert es sich im wiedergewonnen frischen Glanz. Das Gebäude behielt seinen ursprünglichen Platz und wurde mit viel Geschick beinahe nahtlos in die Architektur des neuen Bahnhofes integriert.

Wie kunstvoll und kreativ mit Beton und Stahl gebaut werden kann, beweist uns der in Zürich lebende spanische Architekt Santiago Calatrava. Mit seiner Umgestaltung des Bahnhofs Stadelhofen hat er zweifelsohne zunkftsweisende Bauakzente gesetzt. Der Betrachter glaubt sich inmitten einer riesengrossen, weit aus-

Bahnhof Stadelhofen: zwei Eisenbahnzeitalter, zwei Architekturen (Foto: Hans-Peter Siffert, Zürich)

Bahnhof Stadelhofen: unterirdisches Ladengeschoss (Foto: Hans-Peter Siffert, Zürich)

einandergezogenen Skulptur eines Vogelskelettes zu bewegen: So erscheint das Perrondach, das gleichzeitig als Promenade dient, wie von unzähligen Krallen getragen. In der Mitte dieser Promenade befindet sich ein Gebilde aus Beton, das an einen Adlerkopf erinnert, der mit strengem Blick das ganze Areal überwacht.

Rolltreppenaufgang ins Freie
(Foto: H.-P. Siffert, Zürich)

Der eher schwergewichte Treppenaufgang, der mit einer Plattform endet, gewinnt durch ein schwungvoll gebogenes Geländer an Eleganz. Er dient einerseits als Übergang zur Schanzengasse, andererseits erreicht man auf diesem Weg die Bedachung des Perrons. Es ist durchaus reizvoll, sich unter den feingliedrigen, schwungvollen Stahlkonstruktionen — die ebenfalls Köpfen aus der Vogelwelt gleichen — zu bewegen und dabei den Bahnhof aus einer anderen Sicht zu betrachten.

Den durch Anwendung organischer Formen erreichten starken Ausdruck bekommt der Betrachter jedoch erst im Innern des Bahnhofs, in der unterirdischen Ladenpassage zu spüren. Man fühlt sich wie von einem Walfisch verschluckt.

Literatur:
Stutz, Werner: Bahnhöfe der Schweiz. Zürich, Orell Füssli, 1983.
Kubinszky, Mihaly: Bahnhöfe Europas. Stuttgart, Franckh'sche Verlagsbuchhandlung, 1969.

Von Zürich HB nach Stadelhofen, 4 Minuten (□720)

 Vom Bahnhof Stadelhofen zum Bellevue-Platz, ca. 5 Minuten

 Vom Bellevue-Platz mit dem Tram Nr. 5 zum Bahnhof Enge, ca. 10 Minuten (□100.00[99])

 Vom Bahnhof Enge wieder zurück zum Zürich HB, ca. 7 Minuten (□660/□720)

 Die abwechslungsreiche, belebte Altstadt bietet einen reizvollen Spaziergang. Vom Hauptbahnhof zum Bahnhof Stadelhofen sind es ca. 30 Minuten zu Fuss.

Bevor wir mit der S-Bahn Richtung Stadelhofen fahren, widmen wir uns dem Hauptbahnhof. Der 1867 abgebrochene erste Zürcher Hauptbahnhof wurde von Gustav Albert Wegmann entworfen und pünktlich zur Eröffnung der ersten schweizerischen Bahnlinie von Baden nach Zürich am 9. 8. 1847 fertiggestellt. Interessanterweise endeten die Geleise nicht an einem Stirnperron, wie bei einem echten Kopfbahnhof, sondern ausserhalb der Gebäudeflucht in einer Drehscheibe. G. A. Wegmann trennte auch klar die ankommenden von den abfahrenden Reisenden, mit einer Ankunfts- bzw. Abfahrtshalle je seitlich der Geleise.

An der Stelle des alten Zürcher Bahnhofes baute man in den Jahren 1865 – 1871 einen neuen, der den Kern des heutigen Hauptbahnhofes bildet. Das an ein italienisches, im Renaissancestil erbautes Lustschloss erinnernde Gebilde wurde anhand der Pläne von Jakob Friedrich Wanner mit viel Sorgfalt ausgeführt. Dabei vereinigte Wanner alle architektonischen Errungenschaften der damaligen Zeit und verstand die

Hauptbahnhof Zürich, Südfassade, 1865—1871 von Jakob Friedrich Wanner errichtet
(Foto: Baugeschichtliches Archiv der Stadt Zürich)

einzelnen Elemente in gute Harmonie zueinander zu bringen. Dies ist heute noch an der Seitenfassade beim Bahnhofplatz zu sehen.

Nach einem weiteren Umbau in den Jahren 1930—1933 wurden die Geleise gänzlich aus der alten Halle weg verlegt und davor ein Querbahnsteig für fünfzehn Geleise gebaut. Die stufenweise Erweiterung und Modernisierung des Zürcher Hauptbahnhofes beweist, dass nicht unbedingt alles Alte abgerissen und seiner ursprünglichen Funktion enthoben werden muss, um zu einer neuen Lösung zu gelangen. Erfreulich ist auch, dass die lange Zeit durch Innenbauten verstellte Wannersche Halle 1997 wieder in ihrer ganzen Dimension voll zur Geltung kommen wird.

Im Hinblick auf die Einführung der S-Bahn und der Bahn 2000 wurde in den achtziger Jahren die letzte grosse Veränderung vorgenommen. Um den intensiven Bahnverkehr in dem bisher als Kopfbahnhof und damit als Sackgasse konzipierten Hauptbahnhof bewältigen zu können, wurde unter der angrenzenden Museumstrasse ein Durchgangsbahnhof geschaffen.

Vom Ladengeschoss unmittelbar unter dem Hauptbahnhof steigen wir die Rolltreppen hinunter zum vierspurigen Untergrund-Bahnhof. Hier besteigen wir den Zug nach Stadelhofen, um dort das architektonische Kunstwerk von Santiago Calatrava zu bewundern.

Von Stadelhofen zum Bellevue-Platz sind es etwa 100 Schritte, von wo

Der im Stil der Festhüttenarchitektur 1875 errichtete alte Bahnhof Enge (Foto um 1914: Baugeschichtliches Archiv der Stadt Zürich)

unsere Zürcher Bahnhofreise zum Bahnhof Enge weiterführt. Dazu besteigen wir am Bellevue-Platz das Tram Nr. 5, das direkt vor dem Bahnhof Enge haltmacht. Mit diesem Bahnhof wurde einst eines der grössten Bauprojekte Zürichs abgeschlossen. Die Grundmauern wurden mit dem Bau der linksufrigen Zürichseebahn 1874 gesetzt. Ungewiss bleibt, wer für den Entwurf der Pläne verantwortlich war, da alle Bauakten verschwunden sind. Der damalige, langgezogene Fachwerkbau liess sich durch seinen Aufbau sowie vom Zierwerk an Gesimsen und Giebeln her mit der Festhüttenarchitektur auch späterer Jahre vergleichen. Dieses Aufnahmegebäude blieb quasi als dauerndes Provisorium bis

1925 stehen. 1925—1927 wurde von O. und W. Pfister am Tessinerplatz der heutige, recht monumentale Bahnhof gebaut, der mit seiner konkaven Hauptfassade ein interessantes bauhistorisches Denkmal darstellt.

Nachdem wir uns auch diesem Bahnhofbau eingehend gewidmet haben, nehmen wir statt des Trams den Zug nach Zürich Hauptbahnhof. So kommen wir am Bahnhof Wiedikon vorbei, der 1927 als Reiterbahnhof gebaut wurde. Das Aufnahmegebäude liegt in Form einer Brücke über den in einen Einschnitt abgesenkten Geleiseanlagen, so dass der Reisende über Treppen hinunter zum Perron gelangt. So erübrigte sich der Bau einer Einsteigehalle.

Ein Ort, an dem sich alles trifft
Das Bahnhofbuffet

Es gibt sie noch, die um die Jahrhundertwende entstandenen, grosszügig dimensionierten alten Bahnhofbuffets. Hier kommen die verschiedensten Menschen zusammen, vom Bähnler bis zur Geschäftsfrau, vom Schüler bis zum Akademiker. Man ist auf der Durchreise und wartet auf den nächsten Anschluss, man trifft sich zur geschäftlichen Besprechung oder am Stammtisch zu einem Bier. Obwohl einige dieser Bahnhofbuffets unter Denkmalschutz stehen, droht manchen, den zeitgenössischen Allerweltsrestaurants angeglichen zu werden. Das Churer Bahnhofbuffet gehört zu den privilegierten, geschützten Lokalen.

Mit dem Reiseboom entstanden die Bahnhofbuffets

Die alten, meist im Jugendstil und Klassizismus erbauten Bahnhofbuffets erzählen durch ihre einmalige Architektur ein Stück Eisenbahngeschichte. Daneben hat jedes Buffet auch seine individuelle Geschichte. 1855 wurden die ersten Bahnhofrestaurants in Olten, Basel und Romanshorn eröffnet, doch ihre erste grosse Blüte erlebten die Buffets um die Jahrhundertwende. Zuvor standen sie im Schatten der ebenfalls grosszügig dimensionierten Wart-

Das Restaurant «Au Premier» mit seinen Bankett-, Konferenz- und Sitzungsräumen bietet für gehobene Anlässe die geeigneten Räumlichkeiten. (Foto: Rolf D. Baumgarten, Zollikon)

Zürcher Hauptbahnhof, Bahnhofbuffet 3. Klasse, Aufnahme von 1938 (Foto: Bauge-schichtliches Archiv der Stadt Zürich)

säle. Der Aufschwung begann vorerst in den Städten, an den Umsteige-bahnhöfen und in den Touristenorten.

Während der Krisenjahre des Ersten Weltkriegs war der Bahnhof- und Buffetbau unterbrochen und wurde erst in den zwanziger Jahren wieder aufgenommen. Aus dieser Zeit stammen zum Beispiel die pracht-vollen Bahnhofbauten von Genf (1934) und Neuenburg (1936). Von einer dritten Epoche im Bahnhofbuf-fetbau zeugen noch heute zahlreiche Speisesäle aus den fünfziger Jahren mit einer schlichten, sachlichen, zweckorientierten Inneneinrichtung.

Ein typisches Merkmal der alten Bahnhofbuffets ist die traditionelle Aufteilung der Räume in erste und zweite Klasse. Heute kommt dem nicht mehr die gleiche Bedeutung zu wie einst, als das öffentliche Leben sich noch stärker an gesellschaftli-chen Klassen orientierte.

Expressbuffets und Gourmet-Tempel

Früher waren die Wartezeiten auf den Stationen beträchtlich, so dass ein Besuch im Bahnhofbuffet mit zur eigentlichen Reise gehörte. Die Erho-lungszeit galt nicht nur den Passa-gieren, sondern ebenso den Loko-motiven, die für die Weiterfahrt wieder mit Kohle und Wasser ver-sorgt werden mussten. Auch waren die Anschlussmöglichkeiten bei wei-

41

lung lässt die Wartezeiten auf den Bahnhöfen immer kürzer werden und macht den Aufenthalt im Buffet überflüssig. Während eines Zwischenhalts reicht es meist nur noch für einen kurzen Drink im Expressbuffet. Selbst die grossartige schwarze Venus von Benazzi vermag den Rückgang der Besucher im Bahnhofbuffet Glarus nicht zu stoppen.

Die einzigartige Atmosphäre der alten Bahnhofbuffets vermittelt eine Geborgenheit, die bei der unpersönlichen Buffetkultur von heute kaum noch zu finden ist. Darin liegt auch eine Chance für sie zum Überleben. Zunehmend werden die alten, grossräumigen Bahnhofbuffets nämlich in renommierte Gourmet-Lokale umgewandelt, die ihr Publikum finden, sich jedoch immer weniger an den Bahnreisenden orientieren.

tem nicht so günstig wie heute. Man musste mitunter gar an einem Ort übernachten, bis der nächste Zug in die gewünschte Richtung weiterfuhr. Die heute rasante Fahrplanentwick-

Eine Schweizerreise mit Buffet-Kultur

 Von Zürich HB nach Göschenen, 1 Stunde 30 Minuten (□600)

 Von Göschenen mit der Furka-Oberalp-Bahn nach Disentis, 1 Stunde 30 Minuten (□610)

 Von Disentis nach Chur, 1 Stunde 25 Minuten (□920)

 Von Chur nach Zürich HB, 1 Stunde 30 Minuten (□900)

Der «Glacier-Express» der Furka-Oberalp-Bahn auf der Bergfahrt von Andermatt zum Oberalppass (Foto: Harald Navé, Egg)

Freude am Bahnfahren und ausreichendes Sitzleder sind die Voraussetzungen, um die Schönheiten dieser Reise geniessen zu können. Von Zürich geht es erstmals nach Arth-Goldau. Das Bahnhofbuffet von Arth-Goldau stammt aus dem Jahr 1897, als das neue, grosse Aufnahmegebäude der Gotthardbahn gebaut wurde. Mit den überaus grossen Räumen und der schönen, epochenspezifischen Gestaltung gehört dieses Buffet zu den sehenswertesten in der Schweiz.

Von Arth-Goldau geht die Reise weiter, dem Lauerzer- und Urnersee entlang und durchs enge Reusstal bis nach Göschenen. Spätestens hier ist ein Kaffeehalt im Bahnhofbuffet unumgänglich. Auch dieses Buffet stammt aus der Zeit der Gotthardbahn. Dank einer sanften Renovation 1987 konnte bis auf einige Inneneinrichtungen der ursprüngliche Zustand beibehalten werden.

In Göschenen wechseln wir auf die Furka-Oberalp-Bahn. Um einen Eindruck von der Schöllenenschlucht zu erhalten, sichern wir uns nach Möglichkeit einen Fensterplatz auf der linken Seite. Auf die Steinschlaggalerien folgt bald die Teufelsbrücke über die tosende Reuss. An den verlustreichen Alpenübergang der russischen Armee von 1799 erinnert das auf der linken Seite liegende Suworow-Denkmal. Am Urnerloch vorbei und unter Lawinenverbauungen hindurch gelangen wir auf die Ebene von Andermatt, das im Winter zu den beliebtesten Skigebiete der Schweiz gehört.

Für die Strecke Andermatt — Disentis wechseln wir auf die rechte Seite des Zuges. In zahlreichen Windungen klettert die Bahn den Nätschen hinauf und fährt dann fast ebenen Weges am Oberalpseelein vorbei zur Passhöhe. Dem Südhang des Calmot entlang geht es nach Tschamut, dem obersten Dorf am Vorderrhein, und dann hinunter in den Talkessel von Sedrun. In gemächlichem Abstieg, vorbei an verschiedenen Weilern, erreichen wir am Ausgang des Lukmanier- und Oberalppasses Disentis, dessen Geschichte bis ins 8. Jahrhundert zurückreicht. Auf der linken Seite thront das imposante Kloster.

In Disentis steigen wir auf die Rhätische Bahn um. Sie führt uns hoch über der Rheinschlucht hinunter nach Somvix, dessen Kirche von weitem sichtbar ist. Nach einem hügeligen Wiesental gelangen wir in eine Talmulde und nach Trun. Kurz nach Tavanasa und Waltensburg erblicken wir auf einem waldigen Felskopf die Ruine Jörgenberg und weiter östlich, unter überhängenden Felsen, die Ruine Kropfenstein.

Nach dem Städtchen Ilanz, von dessen stolzer Geschichte noch Stadtmauerreste und zwei Tore zu sehen sind, geht es weiter nach Valendas. Zunächst ist der Talboden fruchtbar, dann durchquert die Bahn mit Hilfe vieler Kunstbauten eine fast urweltlich anmutende Landschaft bis nach Versam. Hier geht es in die wilde Schlucht der Ruinalta, entstanden aus einem späteiszeitlichen Bergsturz am Flimserstein und Segnas. Mit einer Fläche von 40 Quadratkilometern ist dies das grösste Bergsturzgebiet im ganzen Alpenraum. Als Wald- und Felswildnis bildet es die Grenze zwischen Sutselva und Surselva (unter und ob dem Wald).

Über eine Eisenbahnbrücke kommen wir nach Reichenau-Tamins, wo der Hinter- in den Vorderrhein mündet und das wir in einer grossen Kurve wieder verlassen. Die nächste Station ist Domat-Ems mit den Emser-Werken, das am weitesten ins Unterland vorgeschobene romanischsprachige Dorf. Von hier sind es nur noch wenige Minuten bis Chur.

Hier lohnt es sich, das wohlverdiente Mittagessen im gemütlichen und unter Feinschmeckern bekannten Bahnhofbuffet einzunehmen. Das um 1906 erbaute Lokal gehört heute glücklicherweise zu den geschützten Objekten der Churer Altstadt. Das Bahnhofbuffet I. Klasse zeichnet sich durch ein besonders schönes Interieur aus. Es ist ein eigenwilliger Raum, mit einem Oberlicht in Form eines kassettierten Tonnengewölbes und mit drei Rundbogendurchblicken zum strassenseitigen Nebenraum hin. Die Wände bestehen aus einem Spätjugendstil-Täfer mit Intarsien-Medaillons topographischer Ansichten.

Die Rückfahrt von Chur nach Zürich ist vergleichsweise ein Katzensprung; sie dauert rund anderthalb Stunden.

Wie Bahnhofuhren ticken
Zeit und Zeitmessung bei der Bahn

Kein Bahnbetrieb ohne Fahrplan, kein Bahnhof ohne Bahnhofuhr. Die Zeit ist für jeden Bahnreisenden etwas vom Wichtigsten. Nach ihr richten sich Fahrpläne, Ankunfts- und Abfahrtszeiten. Doch welche Zeit ist massgebend? Was heute als selbstverständlich angesehen wird, nämlich dass die Uhrzeit von jeder Bahnhofuhr der richtigen Zeit entspricht, war nicht immer so. Mit einem «Kreisschreiben des Bundesrates an sämtliche Stände und an die schweizerischen Eisenbahn- und Dampfschiffsgesellschaften» wurde vor bald hundert Jahren die Mitteleuropäische Zeit (MEZ) eingeführt und gleichzeitig die Berner Zeit abgeschafft. Eine Rundreise durch den Jura, wo Schnellzüge noch nicht hemmungslos an jeder Ortschaft vorbeibrausen, und ein Besuch des Nationalen Uhrenmuseums in Le Locle sollen uns die Zeit einmal von ihrer beschaulicheren Seite vorführen.

Europäisches Zeitbabylon

Bis um 1848 galt in unserem Lande auch für den Verkehr (natürlich noch mit der Postkutsche) die jeweilige Ortszeit. Es gab also eine Churer, St. Galler, Zürcher, Basler, Berner Zeit usw. Die grösste Zeitdifferenz ergab sich dabei — entsprechend der längsten Ost-West-Ausdehnung — zwischen dem untersten Teil des Engadins und Genf und machte etwa 17 Minuten aus. Mit der zunehmenden Verbreitung des Telegraphen bürgerte sich allgemein die Berner Zeit ein. Als sich die Eisenbahn ab 1855 über die Schweiz auszudehnen begann, war die Berner Zeit als sogenannte Landeszeit bereits überall anerkannt. Mit den grossen Nachteilen der Ortszeit hatten sich also unsere Bahnen nicht mehr zu befassen.

Probleme ergaben sich jedoch beim internationalen Verkehr, da an der Landesgrenze die Berner Zeit natürlich endete. Nach einer Zusammenstellung der Königlichen Eisenbahndirektion in Köln vom Februar 1892 wurden damals rund um die Schweiz folgende Zeiten angewendet: Österreich war bereits von der Prager Zeit zur MEZ übergegangen (gegenüber der Berner Zeit + 30 Minuten). Im Süden galt die Zeit von Rom (+ 20 Minuten) und im Westen diejenige von Paris (— 20 Minuten). Das alles war noch harmlos gegenüber den Verhältnissen an unserer Nordgrenze. Im dazumal noch deutschen Elsass (wie auch bei den meisten anderen Bahnen Deutschlands) war für die Dienstfahrpläne schon die MEZ eingeführt, während sich die Fahrpläne für das Publikum noch nach den Ortszeiten richteten. In Baden galt noch die Zeit von Karlsruhe (+ 4 Minuten), in Württemberg die Uhr von Stuttgart (+ 7 Minuten) und in Bayern diejenige von München (+ 16 Minuten). Rund um den Bodensee waren demnach fünf verschiedene Zeiten zu verzeichnen, nämlich die Berner, Karlsruher, Stuttgarter und Münchner Zeit sowie in Bregenz sogar noch die von Prag (+ 32 Minuten).

*Übergang zur Stundenzählung
0 bis 24*

Auch nach der Einführung der MEZ wurde in unseren Fahrplänen noch 25 Jahre lang die zweimalige Stundenzählung von 1 — 12 beibehalten. Immerhin hatte sich der Bundesrat schon in seinem Bericht zur MEZ vom Juni 1892 darüber gewundert, dass die Bahnen nicht auch gleich den 24-Stunden-Fahrplan beantragt hatten. Nach demselben Schreiben lag dieser Verzicht jedoch darin begründet, dass die Einführung der MEZ allein schon Zündstoff genug enthielt und man «den Karren» nicht überladen wollte. Die Nachteile der doppelten 12-Stunden-Zählung versuchte man auf verschiedene Arten zu überbrücken. So wurden zum Beispiel in den öffentlichen Fahrplänen die Minutenziffern zwischen 18 und 6 Uhr (Nachtzeit) unterstrichen. In den grafischen Fahrplänen erschien der Nachtabschnitt farbig getönt, und teilweise wurden die Nachtstunden mit römischen und die Tagstunden mit arabischen Zahlen gekennzeichnet. Die Bahnhofuhr von Thusis mit ihren zwei Zahlenkränzen erinnert heute noch an diese Zeit.

Bahnhofuhr Thusis: zwei Zahlenkränze als Relikt der doppelten 12-Stunden-Zählung (Foto: Esther Styger, Thusis)

Mit Schreiben vom 10. September 1919 verfügte die Eisenbahnabteilung des Post- und Eisenbahndepartements nach Beschluss des Bundesrates, dass mit dem nächsten Sommerfahrplanwechsel in allen neuen Fahrplänen die neue Stundenzählung 0−24 einzuführen sei.

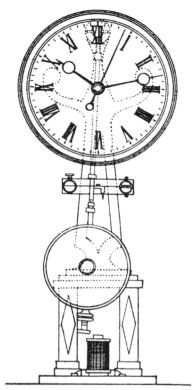

Genaue Zeit in der ganzen Schweiz an jeder Uhr

Die Festlegung einer einheitlichen Zeit war das eine, die Anzeige der genauen Zeit das andere. Die anfänglich mechanischen Uhren auf jedem Bahnhof mussten täglich gerichtet werden. Dies erfolgte jeweils um 8 Uhr früh. Über das Streckentelefon wurde ein Zeitzeichen gemorst, und jeder Bahnhofsvorstand hatte seine Uhr danach zu richten. Später wechselte man zu automatischen Systemen, die sich um drei Uhr nachts nach einem Impuls übers Streckentelefon selbst richteten. Die neuesten Uhren verfügen über einen Langwellenempfänger. Vom Sender Prangins (VD) wird über Radiowellen ständig die genaue Zeit gesendet, und die Uhren stellen sich danach laufend selbst ein.

Damit bei Bahnhöfen mit mehreren Uhren nicht jede Uhr einzeln gerichtet werden muss, wurde das von Matthias Hipp erfundene System mit einer sogenannten Mutteruhr und mehreren Nebenuhren zur Anwendung gebracht. Dabei werden die Nebenuhren jede Minute über einen elektrischen Impuls gesteuert, der

Schema des Hippschen Pendels. Das Pendel wurde durch einen Elektromagneten in Schwung gehalten (Aus: Schweizer Pioniere der Wirtschaft und Technik, Band 12, Zürich 1961).

den Minutenzeiger eine Minute vorrücken lässt. So braucht nur die Mutteruhr mit einem Uhrwerk ausgerüstet zu sein. Diese Uhr kann an einem geschützten Ort, meist im Stationsbüro, installiert werden, wo sie auch weniger der Witterung ausgesetzt ist. Grössere Bahnhöfe verfügen über sogenannte Zeitzentralen mit zwei

Präzisionshauptuhren, die sich gegenseitig überprüfen. Beim Ausfall eines Uhrwerks übernimmt die andere Uhr die Steuerung der Nebenuhren.

Für aufmerksame Beobachter

Manche, die hin und wieder auf den Zug warten, haben sich sicher schon gewundert, dass der Sekundenzeiger der Perronuhren bei 12 Uhr immer für eine ganz kurze Zeit anhält und dann, sobald der Minutenzeiger eine Minute weiterrückt, wieder eine Runde weiterdreht und abermals «ansteht». Dies hängt mit der Steuerung der Nebenuhr zusammen: Der Sekundenzeiger wird von einem Synchronmotor mit Netzstrom angetrieben. Er läuft etwas zu schnell, damit er sicher wieder auf zwölf steht, wenn der Impuls von der Hauptuhr den Minutenzeiger vorrückt und den Sekundenzeiger entsperrt. So ist gewährleistet, dass auch der Sekundenzeiger immer «auf die Sekunde genau» die richtige Zeit anzeigt.

Matthias Hipp (1813-1893):
Der schweizerische Edison

Der Uhrmacher ist gleichsam der Stammvater aller Feinmechanik samt ihren Verästelungen zum Apparatebau mit elektromechanischen und elektrischen Arbeitsvorgängen. Das Uhrmacher-Handwerk, dessen Grundlagen Matthias Hipp in seinem Geburtsort Blaubeuren erlernt hatte, zog den jungen Württemberger in die Schweiz. Hier baute er sein Lebenswerk auf, das aus unzähligen Erfindungen besteht, von denen einige zu grossen Erfolgen wurden. Deshalb nannten ihn seine Zeitgenossen oft den schweizerischen Edison.

Hipp war ein genialer Kopf, der mit technischen Problemen spielend fertig wurde und darin seiner Zeit um mindestens eine Pferdelänge voraus war. Schon als Einundzwanzigjähriger erfand er die elektrisch angetriebene Pendeluhr. Durch diese Erfindung wurde die Genauigkeit wesentlich verbessert. Ein System übrigens, das heute noch Anwendung findet. Viele weitere Erfindungen folgten, vor allem im Bereich der Telegrafie. Die Philosophische Fakultät II der Universität Zürich verlieh ihm im Jahre 1875 den Ehrendoktor «auf Grund seiner grossen Verdienste um die elektrische Technik sowie besonders um die schweizerische Telegrafie».

Hipps geschäftliche Gründung, die «Fabriques de télégraphes et d'appareils électriques» in Neuenburg, arbeitete anfänglich unter seiner Leitung sehr erfolgreich. Nach dreissigjährigem Bestehen, als Hipp sich in den Ruhestand zurückzog, ging sie in andere Hände über und wurde nach wechselvollem Schicksal erst 1927 unter dem Namen FAVAG S.A. wieder zu neuer Blüte gebracht.

Die Bahnhofuhr am Arm

Für Bahnfans gibt es als Symbol für Pünktlichkeit beim SBB-Rail-shop, Postfach, 9001 St.Gallen, die Rail Watch, eine originalgetreue Nachbildung der klassischen Schweizer Bahnhofuhr, in verschiedenen Ausführungen zu bestellen.

Rail Watch (Foto: SBB Werbedienst)

Literatur:
Stäuble, P.: SBB-Nachrichtenblatt Nr. 56, Bern 1979.
Eidgenössisches Post- und Eisenbahndepartement: Ein Jahrhundert Schweizer Bahnen 1847–1947, Frauenfeld 1949.

Gesellschaft für Schweizerische Kunstgeschichte: Uhrenmuseum Château des Monts-Le Locle, Bern 1985.
Verein für wirtschaftshistorische Studien Zürich: Schweizer Pioniere der Wirtschaft und Technik, Bd. 12, Zürich 1961.

Das Nationale Uhrenmuseum in Le Locle

Von Bern via Biel nach Le Locle, 90 Minuten (□225)

In Le Locle ca. 15 Minuten den Hügel beim Bahnhof hinauf, immer den Wegweisern «Château des Monts» entlang

Das Uhrenmuseum ist das ganze Jahr von 14–17 Uhr geöffnet. Vom 1.5.–31.10.: Di bis So 10–12 und 14–17 Uhr. Auskunft: Tel. 039/31 62 62 oder 31 16 80

Eine kontrastreiche Jura-Rundfahrt durch imposante Schluchten, Wälder und Täler, über Hochebenen, vorbei an wichtigen Industriestädten wie Biel, La Chaux-de-Fonds oder Neuchâtel führt uns von Bern nach Le Locle und zurück. Für alle, die sich von der Zeit verfolgt fühlen, bietet ein Ausflug hierher und der Besuch des Nationalen Uhrenmuseums eine ideale Gelegenheit, die Zeit auch von ihrer beschaulichen Seite her kennenzulernen und nicht als etwas, das immer zu knapp bemessen ist.

Das seit dem 23. März 1959 in einem wunderschönen Château oberhalb der Stadt untergebrachte Museum beherbergt verschiedene Sammlungen vor allem von prächtigen Neuenburger Uhren, Pendulen und eine Automatensammlung. Hier kann der Besucher die Geschichte von den Anfängen der Zeitmessung bis hin zur modernen Armbanduhr verfolgen. Für Eisenbahnfanatiker sind die Kondukteurs-Taschenuhr mit eingravierter Lokomotive oder die

Uhr eines Kondukteurs: Taschenuhr aus Silber, anfangs 20. Jahrhundert (Foto: Uhrenmuseum Le Locle)

Taschenuhr aus Silber. Im Boden ist ein Fahrplan Neuchâtel — Le Locle für das Jahr 1863 eingelegt. (Foto: Uhrenmuseum Le Locle)

Uhr mit eingelegtem Fahrplan wahre Prunkstücke. Le Locle gilt als Wiege der Schweizerischen Uhrmacherkunst. Vor über 300 Jahren begann sie sich hier aus dem Goldschmiedehandwerk zu entwickeln.

Für die Rückreise steigen wir in den Schnellzug Le Locle — Bern. Wer sich darunter aber einen Intercity mit klimatisierten Wagen vorstellt, wird arg enttäuscht: Nicht länger als ein Regionalzug und auch nicht viel schneller ist hier ein «Schnellzug», dafür ist die Aussicht durchs Abteilfenster um so lohnender. Wie durch einen Park windet sich der Zug auf den Jurakamm, von wo sich bei Les Hauts-Geneveys eine fantastische Aussicht auf den Neuenburgersee, das Mittelland und die Alpen öffnet. Auf der Fahrt hinunter nach Neuchâtel kommen wir an einer Kuriosität im schweizerischen Eisenbahnnetz vorbei: Bei Chambrelien musste wegen der Steilheit des Geländes eine Spitzkehre eingebaut werden.

Glockenklänge auf den Bahnhöfen
Sicherheit durch Streckenläutwerke

Von weither hört man sie, die schrillen Glockenklänge auf den Bahnhöfen. Sie dienen in erster Linie dazu, den Abgang oder die Durchfahrt eines Zuges frühzeitig bekannt zu geben. Durch diese Voranmeldung werden Stations- und Streckenarbeiter auf die rollende Gefahr aufmerksam gemacht und können sich in Sicherheit bringen. In den siebziger Jahren des letzten Jahrhunderts wurden in der Schweiz zu diesem Zweck erstmals elektrische Läutwerke eingesetzt. Die meisten von ihnen haben inzwischen ausgedient und sind durch modernere Anlagen ersetzt. Auf dem kleinen Bahnhof von Arnegg im Kanton St.Gallen jedoch klingen heute noch die alten Glocken übers Areal.

Einzelschläger und Gruppenschläger

Elektrische Streckenläutwerke dienten bei den Schweizer Bahnen seit Anfang der siebziger Jahre des letzten Jahrhunderts der Sicherheit auf den Bahnhöfen. Durch entsprechende akustische Zeichen wurden Abgang und Durchfahrt eines Zuges

Aus Sicherheitsgründen wurde der Bahnübergang bei Landschlacht (TG) beseitigt und mit ihm leider auch die alten Signalglocken. (Foto: H.-P. Siffert, Zürich)

sowie jegliche Art Gefahr, auch Unfälle, dem Strecken- oder Stationsarbeiter sofort gemeldet. Für Barrierenübergänge sind Streckenläutwerke noch heute ein unentbehrliches Signal zur Anmeldung eines kommenden Zuges.

Um die Kommunikationsmöglichkeit zu verbessern, wurde mit der Zeit eine eigene Signalsprache entwickelt, die am ehesten mit einem Morsealphabet vergleichbar ist. Früher zum Beispiel bedeutete das einmalige Klingeln, dass ein Zug aus der einen Richtung, das zweimalige Klingeln, dass er aus der entgegengesetzten Richtung kam. Dreimal klingeln, hiess: Ein Wagen ist entlaufen, viermal: Alle Züge aufhalten, und fünfmal: Ans Telefon kommen. Heute wäre ein solches Kommunikationssystem undenkbar; es würde auf den grossen Bahnhöfen mehr Unordnung als Ordnung schaffen. Heute wird nur noch der herannahende oder abgehende Zug akustisch angekündigt.

Grundsätzlich werden zwei Arten von Läutwerken unterschieden: Einzelschläger und Gruppenschläger. Der wesentliche Unterschied besteht in der Art und Weise, wie die Glocken angeschlagen werden. Der Einzelschläger lässt sich mit dem Glockenschlag einer Turmuhr vergleichen: Jeder Schlag wird getrennt ausgelöst. Die Auslösung erfolgt durch einen elektrischen Impuls. Dabei wird die Arretierung des Gewichts, das sich in der Säule des Läutwerks befindet, gelöst. Der mit diesem Gewicht verbundene Hammer bringt die Glocke zum Klingen.

Zwischen Sisikon und Flüelen führt der «Weg der Schweiz» der Bahnlinie entlang. Hier findet man diese alte, mannshohe, ausgediente Glocke.
(Foto: D. Jauch)

Beim Gruppenschläger dagegen erfolgen die Anschläge serienweise in ganz kurzen Abständen. Die Auslösung erfolgt durch Gleichstrom-Impulse, die durch Magnetinduktoren erzeugt werden. Dadurch wird die Glocke in kurzem Abstand mehrmals angeschlagen, was sich wie das Schrillen einer alten Türglocke anhört.

Literatur:
Ein Jahrhundert Schweizer Bahnen 1847 – 1947, Band 2, Frauenfeld, Verlag Huber, 1949.

Sie sehen aus wie riesige Pilze und gehören heute zu den Zeugen vergangener Bahn-romantik. Signalglocken an der Rhätischen Bahn. (Foto: Harald Navé, Egg)

Mit dem Velo quer durch den Thurgau

 Von Zürich HB via Winterthur nach Gossau, ca. 1 Stunde (□750/□850)

 Von Gossau über Arnegg, Hauptwil, Bischofszell, Kradolf nach Weinfelden, ca. 2 Stunden 30 Minuten

 Von Weinfelden via Winterthur nach Zürich HB, ca. 1 Stunde (□850/□750)

 Wer den Ausflug nicht mit dem eigenen Fahrrad machen will, hat die Möglichkeit, in Gossau ein SBB-Velo zu mieten, das in Weinfelden problemlos wieder abgegeben werden kann.

Den Spuren alter Läutwerke folgt unsere Velotour in die Ostschweiz. Vielerorts dienen die alten Glocken nur noch zur Verschönerung meist renovierter Bahnhöfe. Solch ausgediente und durch moderne Signalwerke ersetzte Glocken finden wir an verschiedenen Bahnstationen zwischen Gossau und Weinfelden.

Bevor wir uns von Gossau aus mit dem Velo auf den Weg nach Geretschwil und Arnegg machen, lohnt es sich, einen Blick auf die alten Signalglocken im Bahnhof Gossau zu werfen. Sie wurden restauriert und im neuen Glanz an den ursprünglichen Ort hingestellt. Das Klingeln besorgt allerdings eine elektronische Anlage. Im Bahnhof Arnegg hingegen ertönen noch bis heute die Klänge des alten Läutwerks übers Areal. Diese sehr alte, elektromechanische Einrichtung wurde ca. 1850 von der deutschen Firma Siemens entwickelt und hergestellt. Durch einen elektrischen Impuls wird der Mechanismus ausgelöst, wodurch sich das von Hand aufgezogene Gewicht in Bewegung setzt und die Glocken zum Klingen bringt. Dabei gilt es auch in Arnegg, die Klänge klar zu unterscheiden, denn sie geben jeweils die Richtung des kommenden Zuges an. Die Bedienung solcher Anlagen erfordert absolute Zuverlässigkeit. Leider wird es auch in Arnegg nur eine Frage der Zeit sein, bis auch dieses alte Glockenwerk zur Geschichte der Eisenbahn zählt.

Von Arnegg führt der Weg weiter über Rickenhueb — Ronwil — Frommhusen nach Hauptwil, einem kleinen Dorf, etwa 3 Kilometer südöstlich von Bischofszell. Die Läutwerke beim Bahnhof Hauptwil gehören zu jenen ausgedienten Einrichtungen die, wie in Gossau, heute nur noch dekorativen Charakter haben.

Wir verlassen Hauptwil in Richtung des Bezirkshauptorts Bischofszell, wo wir uns eine Rast gönnen. Ein kurzer Spaziergang durch das schöne Landstädtchen ist empfehlenswert. Über die Thurbrücke, eine der bedeutendsten spätmittelalterlichen Brückenbauten der Schweiz, setzen wir unsere Fahrt fort, Richtung Halden und Schönenberg. Zur Besichtigung weiterer Läutwerke müssen wir in Schönenberg einen Abstecher nach Kradolf, zum Bahnhof, einschalten. Wieder zurück in Schönenberg, geht es der Thur entlang, zuerst nach Buhwil, dann weiter Richtung Istighofen — Reuti — Puppikon bis Weinfelden. Hier verladen wir unsere Velos auf die Bahn und fahren über Winterthur zurück nach Zürich HB.

Wie man sich bettet, so liegt man
Keine Holzschwellen mehr bei der SZU

Seit 1875 fuhren rund eine Million Züge der Uetlibergbahn mit total 50 Millionen Tonnen über den damals erstellten Schienenunterbau auf den Zürcher Aussichtsberg. Trotz regelmässigem Unterhalt sah sich das Unternehmen nach 115 Jahren gezwungen, das alte Trassee teilweise zu sanieren und einzelne Abschnitte völlig zu erneuern. Auf der bis zu 69 Promille steilen Strecke Uitikon-Waldegg — Ringlikon wurde der Kieskoffer durch eine spezielle Betonmischung ersetzt, und anstelle der alten Holzschwellen wurden neuartige, Y-förmige Stahlschwellen verwendet.

Die Spurhaltung, ein ständiges Problem

Die zwischen Schotterbett und Schienen gelegenen Schwellen übernehmen eine wichtige Funktion beim Eisenbahnbetrieb. Einerseits dienen sie den Schienen als Auflager, und anderseits nehmen sie das enorme Gewicht der Züge auf und verteilen es gleichmässig auf das Schotterbett. Im Laufe der Eisenbahngeschichte

Auf dem erneuerten Schotterbett zwischen Uitikon-Waldegg und Ringlikon werden die modernen Y-Stahlschwellen verlegt. (Foto: Sihltal-Zürich-Uetliberg-Bahn)

Dieser Veteran der SZU verkehrt noch heute für Extrafahrten. (Foto: Harald Navé, Egg)

wurden die verschiedensten Schwellenbauarten erprobt.

Die Schienen der ersten Eisenbahnen waren auf Einzelstützen verlegt, die aber wegen mangelhafter Spurhaltung bald einmal durch längs verlegte Langschwellen ersetzt wurden. Doch auch diese brachten nicht den gewünschten Erfolg. In den siebziger Jahren des vorigen Jahrhunderts setzten sich dann allgemein die aus Holz gebauten Querschwellen durch. Zur Herstellung wurden teure Harthölzer wie Eiche und Buche verwendet. Doch Holz lebt nicht ewig. Um die Lebensdauer der Hartholzschwellen zu verlängern, wurden sie mit Teeröl imprägniert. Trotz dieser Behandlung sind Holzschwellen anfällig gegen tierische und pflanzliche Schädlinge und müssen nach ca. 30 Jahren ersetzt werden.

Die sich mit dem Alter verschlechternde Spurhaltung von Holzschwellen führte zur Entwicklung neuer Techniken. Dazu gehören neben Betonschwellen auch die Y-Stahlschwellen. Sie bieten gegenüber Holzschwellen eine um 12,5 Prozent grössere Auflagefläche und versprechen eine wesentlich längere Lebensdauer. Durch die dreieckförmige Anordnung der Auflagebereiche sind die Y-Stahlschwellen fester im Schotter verankert. Zudem wird bei Y-Stahlschwellen weniger Schotter benötigt. Beim Oberbau mit Y-Stahlschwellen ist ausserdem der Querverschiebewiderstand der Schienen höher. Punkto Entsorgung sind Stahlschwellen, da sie wiederverwertbar sind, weniger problematisch als die imprägnierten Holzschwellen, die bei der Verbrennung Schadstoffe freisetzen.

Höhenwanderung auf dem Zürcher Hausberg

 Von Zürich HB mit der Sihltal-Zürich-Uetliberg-Bahn (SZU) nach Uitikon-Waldegg, 20 Minuten (□710)

 Von der Haltestelle Uitikon-Waldegg entlang den Geleisen nach Ringlikon, ca. 30 Minuten

 Von Ringlikon zur Bergstation Uetliberg, 10 Minuten (□713)

 Höhenwanderung vom Uetliberg nach der Felsenegg, ca. 1 1/2 bis 2 Stunden

 Von der Felsenegg mit der Luftseilbahn hinunter nach Adliswil, 5 Minuten (□1705)

 Von der Talstation der Luftseilbahn zur SZU-Station, ca. 8 Minuten

 Mit der SZU zurück nach Zürich HB, ca. 20 Minuten (□712)

Seit dem 4. Mai 1990 ist die Sihltal-Zürich-Uetliberg-Bahn (SZU) direkt mit dem Zürcher S-Bahnnetz verbunden. Zuvor musste jedoch das 115 Jahre alte Trassee auf der Strecke Uitikon-Waldegg — Ringlikon gänzlich erneuert werden. Dabei wurden auch die letztmals in den Jahren 1969 und 1972 ausgewechselten Schienen und Holzschwellen ersetzt. Die neuen Geleise wurden mit den vielversprechenden Y-Stahlschwellen verlegt.

Vom Hauptbahnhof bringen uns die orangen Wagen der Uetliberg-Bahn auf den 871 Meter hohen Hausberg der Stadt Zürich. In Uitikon-

Seit Mitte 1987 stehen zwei neue Lokomotiven, sog. «Drehstrom-Asynchron-Loks mit Umrichtertechnik», auf der SZU-Strecke im Einsatz. (Foto: SZU)

Waldegg allerdings steigen wir aus und wandern entlang den Schienen bis zur Haltestelle Ringlikon, um die Neuheit im Geleisebau aus der Nähe zu betrachten. In Ringlikon nehmen wir für die letzte Etappe bis zur Bergstation erneut die Bahn.

Hier beginnt die klassische Höhenwanderung Uetliberg — Baldern — Felsenegg. Nebenbei können wir uns anhand eines Planetenweges den Aufbau unseres Sonnensystems vergegenwärtigen und die Aussicht auf Stadt, See und Alpen geniessen. Wer sich für den Planetenweg interessiert, kann sich am Schalter der Station Uetliberg eine Broschüre besorgen. Auf der Felsenegg bringt uns die Luftseilbahn wieder hinunter ins Tal, nach Adliswil. Von hier gelangen wir dann mit der SZU wieder an unseren Ausgangspunkt.

Weg mit den Schienen, der Zug kommt!
Die Gleisdurchschneidung in Oberentfelden

Wo zwei Geleise sich kreuzen, da holpert es unangenehm. Nur mit sehr verminderter Geschwindigkeit kann eine Kreuzung von Geleisen verschiedener Spurweite befahren werden. Für die Gleisdurchschneidung der schmalspurigen Wynental-Suhrental-Bahn mit der normalspurigen SBB-Linie Zofingen — Suhr in Oberentfelden wurde 1988 eine bis heute einmalige neue Konstruktion eingesetzt.

Mit einem «Auflauf» gegen Spurlücken

Man staunt nicht schlecht, wenn man die Gleisdurchschneidung am westlichen Bahnhofeingang von Oberentfelden zum erstenmal sieht. Klick, und die Schienen der Schmalspurbahn sind weggedreht. Immer wenn sich auf den SBB-Geleisen ein Zug nähert, wird dieser raffinierte, auf der Weichentechnik aufbauende Mechanismus in Betrieb gesetzt.

Bei Eisenbahnrädern sorgt der sogenannte Spurkranz, der auf der Innenseite der Räder über die Laufflächen hinausragt, dafür, dass der Zug auf den Geleisen bleibt. Wo zwei Geleise sich kreuzen, kommt dem Spurkranz aber die Schiene des andern Geleises in den Weg. Die Schienen der beiden kreuzenden Linien müssen darum eine Lücke von einigen Zentimetern Länge aufweisen, über welche die Laufflächen der Räder holpern würden. Weil die Normalspur-Schienen breiter sind als die Schienen der Schmalspur, wird die zu überwindende Lücke für die Schmalspurbahn grösser als umgekehrt.

Das Holpern lässt sich mit einem sogenannten «Auflauf» reduzieren: Die Schienen werden auf der Innenseite durch eine parallele Stahlplatte ergänzt. Statt auf den Laufflächen über die Schiene, rollt der Zug auf dem Spurkranz über diese Platte. Die Räder werden dabei leicht angehoben. Dies ist die übliche Lösung des Kreuzungsproblems bei Trambahnen. Nach diesem Muster ist auch die WSB/SBB-Kreuzung in Suhr konstruiert.

Fast nahtlos angeschlossen: die Schienenkreuzung in Oberentfelden

Für die Kreuzung von Schmalspur/Normalspur ist die Lösung nur bedingt brauchbar. Denn nicht nur die Schienen weisen unterschiedliche Masse auf, auch die Spurkränze sind unterschiedlich hoch. Der «Auflauf» für die Schmalspur ist darum für die Normalspur eigentlich um ein bis zwei Zentimeter zu hoch. Zur Dämpfung der dadurch verursachten Schläge kann deshalb in Suhr der «Auflauf» der Normalspur nur mit 30 bis 40 km/h befahren werden.

Für Oberentfelden suchte man eine andere Lösung. Die raffinierte Erfindung der Berner Weichen-Herstellerin Neuweiler AG ermöglicht, dass die Schienen der WSB so abgedreht werden können, dass sie den Spurkränzen der Normalspurfahrzeuge nicht mehr in den Weg kommen. Ein «Auflauf» ist nicht notwendig, da der schmale Gleisunterbruch von einigen Zentimetern die Laufruhe der SBB-Züge relativ wenig beeinträchtigt. Die Geleise der WSB-Linie hingegen können dank dem neuen Patent praktisch nahtlos an die SBB-Geleise angedrückt werden. Die WSB-Züge holpern darum fast nicht mehr. Der Luxus der grösseren Laufruhe hatte allerdings seinen Preis: Gegen 200 000 Franken kostete dieser erstmalige Versuch. Nach einigen Anlaufschwierigkeiten hat er sich aber bewährt.

Auch die Fahrdrähte müssen sich kreuzen

Ebenso interessant wie die Schienenkonstruktion ist die Kreuzung der Fahrdrähte: Auf den SBB-Drähten fliesst 16 2/3-Hertz-Wechselstrom mit einer Spannung von 15000 Volt, auf den WSB-Drähten Gleichstrom von 750 Volt. Gelöst wurde das heikle Problem mit einem stromlosen, nach allen vier Seiten isolierten Kreuz, auf das abwechslungsweise und gekoppelt mit dem Signal die richtige Spannung aufgeschaltet wird. Gesteuert wird die ganze Anlage vom SBB-Bahnhof Oberentfelden aus.

WSB/SBB-Kreuzung in Oberentfelden während des Umbaus: «Freie Fahrt für die SBB». (Foto: WSB)

Vom Suhrental ins Wynental

 Von Aarau nach Oberentfelden, 9 Minuten (□643)

 Von Oberentfelden nach Schöftland, 12 Minuten (□643)

 Von Schöftland nach Unterkulm, 1 Stunde 30 Minuten

 Von Unterkulm nach Aarau, 19 Minuten (□644)

 Ein Spaziergang für jede Jahreszeit

Zu Besuch in der «Dracula-Burg»

Die modernen Pendelzüge der Wynental-Suhrental-Bahn fahren im Halbstundentakt, in den Stosszeiten sogar viertelstündlich vom Suhrental über Aarau ins Wynental und zurück. Oberentfelden liegt am Eingang des Suhrentals, auf dem WSB-Ast nach Schöftland. Nur wenige Meter nach der Haltestelle Oberentfelden, wo wir die Fahrt unterbrechen, kreuzen WSB und Hauptstrasse die SBB-Linie Zofingen — Suhr. Vom abgeschrankten Trottoir aus lässt sich die Gleisdurchschneidung bestens studieren, ohne Strasse oder Geleise betreten zu müssen. Nur den Kopf sollte man nicht allzuweit vorstrecken, wenn ein Zug vorbeirollt.

Von Oberentfelden geht die Fahrt mit der WSB weiter zur Endstation Schöftland. Ein leicht ansteigender Wanderweg, der vom Bahnhof weg mit den gelben Schildern gut signalisiert ist, führt über die Gschneit genannte Anhöhe hinüber nach Unterkulm im Wynental. Schon nach einigen hundert Metern im Wald präsentiert sich rechts etwas abseits des Weges ein hausgrosses, rechtwinklig in den Fels gehauenes Loch: ein uralter Sandsteinbruch, der noch bis Anfang des Jahrhunderts ausge-

An Seilen hängend, schuf der junge Künstler die losfliegende Fledermaus hoch oben in der Sandsteinwand. (Foto: Niklaus Walther, Schöftland)

beutet wurde. Das butterweiche Gestein hat in der Zwischenzeit manchen Passanten animiert, sich mit Sprüchen, Zeichnungen und Reliefs zu verewigen. 1990 verzierte der Schöftländer Bildhauer Niklaus Walther die einsame «Dracula-Wohnung» mit einer riesigen Fledermaus.

Auf der Höhe angelangt, verlassen wir für kurze Zeit den Wald. Hier wie überall unterwegs findet man immer wieder Feuerstellen, die zu Rast und Picknick einladen. Der Abstieg führt geradeaus und über die Wyna direkt zur WSB-Haltestelle Unterkulm.

Im Zug, 2. Etage links
Eine historische Wende auf Schweizer Schienen

143 Jahre nach der legendären Spanisch-Brötli-Bahn sorgt der seit dem 27. Mai 1990 neu eingesetzte Doppelstockwagen der Zürcher S-Bahn wieder einmal für Beachtung beim Publikum. Dabei handelt es sich nicht etwa um eine noch nie dagewesene Sensation in der Eisenbahngeschichte. Schon 1884 kamen Konstrukteure auf die Idee, einen Panoramawagen auf der Rorschach-Heiden-Bergbahn fahren zu lassen, der 1929 mit der Elektrifizierung aber wieder von der Bildfläche verschwand. Vorerst fahren die blau-hellgrauen Doppelstockzüge mit roter Stirnseite nur auf der S-Bahn-Linie Nr.5. Geplant ist, dass jährlich weitere solche Züge auf wichtigen Linien des neuen S-Bahn-Netzes eingesetzt werden.

Komfort und Kinderkrankheiten des Doppelstockwagens

Ein Knopfdruck, und beinahe lautlos öffnen sich die gelben Türen zum Einstieg in das ungewohnt breite Entree des neuen Doppelstockwagens. Erstmals steht es den Passagieren offen, ob sie Bahnhöfe und die vorüberziehende Landschaft aus der Froschperspektive oder von ca. 2 Meter Höhe aus geniessen wollen. Von der Einstiegsplattform, die sich über den Drehgestellen befindet, führt eine Treppe mit vier Stufen ins ebenerdige Unterdeck, über sieben Stufen steigt

Mit neuem Profil, in schnittig buntem Kleid, sind die Doppelstockzüge der SBB auf der S-Bahn-Linie im Einsatz. (Foto: SBB)

man ins Oberdeck. Da die Eingangsplattform höher liegt als bei den älteren SBB-Wagen, erforderte dies eine Erhöhung der Bahnhof-Perrons auf 55 Zentimeter. Auch für Behinderte und ältere Menschen wird durch die ebenerdigen Trittstufen das Einsteigen wesentlich erleichtert. Die grosse Einstiegsplattform an den Enden der Doppelstockwagen ist mit weiteren Vorteilen ausgerüstet: Hier finden Reisende bei Stosszeiten auf den aufklappbaren Sitzbänken allenfalls noch Sitzplätze. Auch für Rollstühle und Kinderwagen hat es genügend Platz, und ein Skirechen sorgt für Ordnung mit den langen Brettern.

Stiefmütterlicher ging man mit dem Platzbedarf in den Wagen selbst um. Obwohl die Raumhöhe im Ober- und Untergeschoss ausreichend bemessen wurde, fiel der Abstand der Sitze in der zweiten Klasse zugunsten ihrer Anzahl zu eng aus. Das hat zur Folge, dass man durch den unausweichlichen Kniekontakt mit seinem Gegenüber nicht um eine Bekanntschaft herumkommt. Das soll sich aber bei den nächsten Serien ändern.

Für den ruhigen Fahrzeuglauf und die geringe Geräuschentwicklung der neuen Züge sorgen in erster Linie die luftgefederten Laufdrehgestelle, die mit Scheiben- und Magnetscheibenbremsen versehen sind. Beinahe lautlos und ruckfrei gleitet die S-Bahn dahin, was den Reisenden ein völlig neues Fahrgefühl vermittelt. Die Luftfederung dient aber nicht allein dem Fahrkomfort. Sie ermöglicht auch die Niveauregulierung und damit die gleichbleibende Einstiegshöhe der Wagen, die leer 48 Tonnen und voll beladen 69 Tonnen wiegen.

Für frische Luft in den neuen Doppelstockzügen sorgt eine leistungsfähige und in Kopfhöhe deutlich spürbare Heizungs- und Lüftungsanlage, egal ob draussen klirrende Kälte oder glühende Hitze herrscht. Bei Bedarf kann der gesamte Luftinhalt, der von einem Mikroprozessor gesteuert wird, bis zu sechzigmal pro Stunde erneuert werden.

Findlingspfad oder Eisenbahnspektakel

 Von Zürich HB mit der S-Bahn Nr. 8 oder 14 nach Wallisellen, ca. 10 Minuten (□751)

 Vom Bahnhof Wallisellen auf die Anhöhe Föhrlibuck, ca. 25 Minuten

 Zurück mit der S-Bahn nach Zürich HB, ca. 10 Minuten (□751)

Wer sich speziell für den Findlingspfad interessiert, kann bei der Gemeinde Wallisellen eine eigens für diesen Lehrpfad hergestellte Informationsbroschüre beziehen.

Inmitten von Nationalstrassen, SBB-Linien und S-Bahn liegt das Zürcher Naherholungsgebiet Föhrlibuck. Mit diesem Namen wird eine leichte Anhöhe zwischen den Gemeinden Wallisellen und Dübendorf bezeichnet, ein Moränenhügel aus der Eiszeit, der sich der vorgesehenen Linienführung der S-Bahn hinderlich in den Weg stellte. Ursprünglich war geplant, ihn mit einem offenen Einschnitt zu durchqueren, was bei den betroffenen Gemeinden verständlicherweise nicht gerade Freude auslöste. Sie setzten sich mit Erfolg für die Erhaltung eines ihrer ohnehin spärlichen Erholungsgebiete ein. Heute ist auf dem Föhrlibuck eine künstliche Geländeerhebung entstanden, unter welcher der Föhrlibuck-Tunnel der S-Bahn durchführt.

Die eindrückliche Rundsicht vom Platz mit den vier Linden auf der Hügelkuppe und der schöne Findlings-

Der Neugut-Viadukt zwischen Dübendorf und Wallisellen verknüpft die Zürichberglinie Stadelhofen — Winterthur mit der Glattallinie Oerlikon — Uster. (Foto: Daniela Jauch)

Am Fuss der Föhrlibuck-Aufschüttung befindet sich auf der linken Seite des Weges die erste von acht Gesteinsgruppen mit insgesamt 75 Findlingen. (Foto: Daniela Jauch)

pfad laden zu einem Spazier- und Lehrgang ein. Die Findlinge auf dem Föhrlibuck wurden bei den Aushubarbeiten für die Nationalstrasse und die S-Bahnlinie im Moränenmaterial gefunden. Sie wurden vor etwa 15000 Jahren aus dem Bündner- und Glarnerland und aus der Walenseegegend auf dem Rücken des Rhein-Linth-Gletschers hierher transportiert. Beim Rückzug und Abschmelzen des Gletschereises am Ende der letzten Eiszeit blieben die verschiedenartigsten Blöcke hier liegen, als eindrucksvolle Zeugen des einstigen Gletschermeeres im Glattal.

Wer sich nicht für die Findlinge aus der Eiszeit begeistern kann, geniesst vom Hügel herab ein Eisenbahnspektakel der modernen Zivilisationslandschaft — für Bahn-Begeisterte eine Augenweide, da man aus drei verschiedenen Richtungen in den Genuss einer einzigartigen Rollmaterialschau der SBB kommt. Es lohnt sich zu warten.

Erreichen kann man Wallisellen von Zürich HB mit der S 8 oder S 14, womit man zugleich in den Fahrgenuss des Doppelstockwagens kommt. In Wallisellen angekommen, folgt man der Neugutstrasse bis zur Unterführung und biegt dann auf der gegenüberliegenden Strassenseite in die Föhrlibuckstrasse ein. Von da sind es noch etwa 10 Minuten, bis man auf dem höchsten Punkt des Föhrlibucks angelangt ist.

Drehscheibe statt Weichen
Das Schienenkarussell von Vitznau

Es war ohne Zweifel eine kühne Idee von Ingenieur Niklaus Riggenbach, bekannter und verdienstvoller Pionier der Bergbahngeschichte, 1871 die erste Zahnradbahn Europas auf den Rigi zu verwirklichen. Dabei spielte die Drehscheibe in Vitznau eine äusserst wichtige Rolle, ja sie war das eigentliche Herzstück dieser Bahn. Aufgrund zunehmender Altersbeschwerden musste sie nach stolzen 110 Jahren durch eine neue ersetzt werden. Auf der Suche nach leistungsfähigeren Lösungen kamen die Vitznauer Techniker auf eine gloriose Idee: Sie montierten ein Gleiskreuz auf die Drehscheibe. Es ist dies bei Zahnradbahnen die erste und einzige Anlage dieser Art.

Die alte Drehscheibe hat ausgedreht

In einer kreisrunden, offenen, etwa 1,5 Meter tiefen Grube drehte sich früher eine 12 Meter lange Stahlbrücke, auf der das Geleise montiert war. Am Ende der Brücke waren Zahnräder angebracht, die sich auf einer ringförmigen, fest auf dem Grund der Grube installierten Zahnradschiene fortbewegen konnten. In der Mitte der Grube befand sich der

Drehscheibe: Sämtliche Manöver werden vom Schaltpult aus gesteuert, das sich direkt auf der Drehscheibe befindet. Im Hintergrund der Eingang des 1988 in Betrieb genommenen Depotneubaus. (Foto: Daniela Jauch)

Zahnstangenkreuzung auf der Drehscheibe: Die in der Mitte zusammenlaufenden Zähne wurden halbiert, um den Zahnrädern genügend Platz zum Einhaken zu geben. Diese heikle Konstruktion erfordert vom Lokomotivführer grosses Feingefühl; er muss die Wagen behutsam über dieses Kreuz fahren. (Foto: Daniela Jauch)

«Königsstuhl», ein aus Bronze gegossener Sockel mit dem Drehpunkt. Mittels Kurbel wurde mit erheblichem Kraftaufwand die ganze Drehscheibe von Hand in Bewegung gesetzt.

Die offene Anlage hatte den Vorteil, dass man von der Grube aus das tägliche Schmieren und die allgemeinen Unterhaltsarbeiten problemlos erledigen konnte. Einzig im Winter musste der Wärter zuerst mit der Schaufel den über Nacht gefallenen Schnee wegräumen, bevor er an seine Arbeit gehen konnte.

Weltneuheit: Drehscheibe mit Schienenkreuz

Der Mechanismus der neuen Drehscheibe unterscheidet sich nicht grundsätzlich von demjenigen der alten. Noch immer dreht sich die Scheibe um das gleiche Zentrum und läuft aussen auf einer Schiene. Bei der Konstruktion der neuen Scheibe jedoch suchte man nach Möglichkeiten, den Pendelzügen die direkte Fahrt von den Betriebsgeleisen in die ebenfalls neuen Depotgeleise zu ermöglichen. Es galt, eine zweite, gebogene Schiene, die sich in der Mitte der Drehscheibe mit dem bereits bestehenden, geraden Schienenstrang kreuzt, zu verlegen. Diese Kreuzung zweier Schienenstränge und der dazugehörigen Zahnstangen war eine hauseigene Idee des technischen Leiters der Vitznau-Rigi-Bahn.

Da die heutigen Lokomotiven und die Personenwagen länger gebaut sind, sah man sich auch gezwungen, die Scheibe von 12 Meter auf 16 Meter Durchmesser zu vergrössern.

68

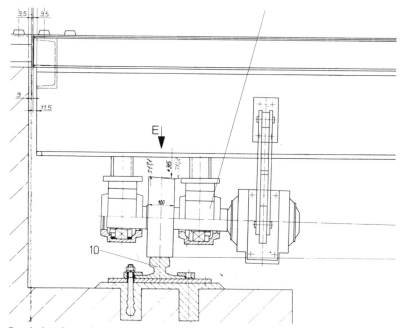

Durch den Querschnitt-Plan der Drehscheibe kann man sich in etwa ein Bild machen, wie die Scheibe ins Drehen kommt. Der direkt an den Rollen befestigte Elektromotor überträgt die Kraft auf das Rad, das mit der Scheibe verbunden ist. (Originalplan, Ausschnitt: Vitznau-Rigi-Bahn)

Um den verlorengegangenen Platz auf dem ohnehin engen Areal wieder zurückzugewinnen, überdeckte man die Scheibe mit Rippenblech, so dass sie nun mühelos mit Cars und LKWs befahrbar ist.

Es braucht auch keine Muskelkraft mehr, um die Scheibe zum Drehen zu bringen. Sie wird von 16 tragenden Rädern auf einem Schienenkranz geführt, wobei drei dieser Räder mittels Elektromotor angetrieben werden (s.Abb.). Vom Steuerpult aus, das sich unmittelbar auf der Scheibe befindet, kann die ganze Anlage um 360 Grad gedreht werden. Bevor sich die Scheibe aber in Bewegung setzen kann, muss sie entsichert werden. Dazu werden die Eisenlaschen, die sich in den fortlaufenden Geleisen eingekeilt haben, zurückgezogen und die Drehscheibe dadurch entriegelt. Gerät die Scheibe dann ins Rollen, verspürt man unter den Füssen ein leises Vibrieren.

Literatur:
Staffelbach, Hans: Vitznau-Rigi. Zürich, Orell Füssli, 1984.

Mit der Vitznau-Rigi-Bahn auf den Aussichtsberg

 Von Luzern nach Vitznau, 1 Stunde 15 Minuten (□2600)

 Von Vitznau nach Rigi-Kulm, 30 Minuten (□603)

 Von Rigi-Kulm nach Arth-Goldau, 45 Minuten (□602)

 Von Arth-Goldau zurück nach Luzern, 30 Minuten (□600)

Unsere abwechslungsreiche Reise beginnt in Luzern mit einer Schiffahrt auf dem Vierwaldstättersee. Die landschaftliche Schönheit der Zentralschweiz und ihre natürliche Vielfalt zählen wohl zum Schönsten, was die Schweiz dem Touristen, dem einheimischen wie dem fremden, zu bieten vermag.

Schon von weitem erblicken wir gegenüber dem Bürgenstock das kleine, in eine Bucht eingebettete Dorf Vitznau. Durch seine sonnige, vor Nordwinden geschützte Lage ist dieser Ort ein bevorzugtes Ausflugsziel. Von der Schiffstation gelangen wir unmittelbar an die Talstation der Vitznau-Rigi-Bahn, von wo wir einen kurzen Blick auf die Drehscheibe zwischen Stationsgebäude und Depot werfen. Wer Glück hat, kann vielleicht einem Rangiermanöver beiwohnen.

Schon vor der Zeit der Bahn war der Rigi ein beliebtes Reiseziel. Wer den Berg nicht auf eigenen Füssen besteigen wollte oder konnte, wurde in einer Sänfte getragen oder konnte sich auf einem Pferd in die Höhe transportieren lassen. Dies war für die Rigi-Träger oder Pferdehalter eine gute Verdienstquelle, die aber 1871 mit der Inbetriebnahme der Bahn nicht mehr gefragt war und kurz danach gänzlich versiegte. Im Jahre 1816 wurde die erste Unterkunftsmöglichkeit auf Rigi- Kulm geschaffen, da immer mehr Leute den zauberhaften Sonnenaufgang hier oben erleben wollten. Mit der Zeit stieg die Nachfrage nach Übernachtungsmöglichkeiten derart, dass

Vitznau-Rigi-Bahn mit Blick auf Rigi-Staffel, Vierwaldstättersee und Pilatus
(Foto: Rigibahnen)

1847/48 ein neues Kulmhotel gebaut wurde, das bis zu 130 Personen beherbergen konnte. 1875 sahen sich die Gebrüder Schreiber von Arth veranlasst, auf dem Gipfel das «Grand-Hotel Rigi Kulm» zu errichten. Dieses Gebäude steht heute wegen seiner Einzigartigkeit unter Heimatschutz und mit ihm seit 1952 das ganze Areal. Wer das wahrhaft atemberaubende Schauspiel des Sonnenaufgangs erleben möchte, sollte sich frühzeitig eine «Loge» sichern.

Auch dem Tagesbesucher bietet der Rigi ein unvergleichliches Panorama. Die Aussicht reicht weit über die verschiedenen Becken von Vierwaldstätter-, Zuger- und Lauerzersee und über den Alpenkranz bis zum Berner Oberland. Zurück fahren wir nicht mehr auf demselben Weg, sondern nehmen die Bahn über Staffel und Rigi-Klösterli in Richtung Arth-Goldau. Mit der Zugfahrt von Arth-Goldau nach Luzern beenden wir unsere Rundreise.

Gekippte Weichen, verschobene Geleise
Die «Geister» der Pilatusbahn

Wer die einmaligen Kippweichen der Pilatusbahn zum ersten Mal sieht, schüttelt verwundert den Kopf: Mitten im steilsten Gelände öffnet sich plötzlich der Boden, Geleise werden wie vom Erdboden verschluckt, und ebenso schnell erscheint ein neues Schienenpaar an der Oberfläche. Doch nicht die Pilatus-Geister haben da ihre Hände im Spiel: Bereits vor hundert Jahren hat ein erfinderischer Ingenieur für ein kniffliges technisches Problem ein geniales Patent entworfen. 72 Jahre später wurde sein Vorschlag an der Pilatusbahn verwirklicht.

Ein Berg fasziniert die Menschen

Niemand weiss genau, woher der Luzerner Hausberg seinen an den römischen Statthalter Pontius Pilatus gemahnenden Namen hat. Sagenumwittert war der 2119 Meter hohe Voralpen-Gipfel aber schon in früher Zeit. Die Trübung eines winzigen Moor-Sees auf der Luzerner Oberalp wurde für Unwetter verantwortlich gemacht. Der Luzerner Rat verbot unter Androhung von hohen Strafen, Landesverweis und Kerker den Zutritt zum Pilatussee. Die letzte diesbezügliche Verfügung datiert aus dem Jahr 1578. Doch gerade das Sagenumwobene, das Verbotene machte den weiterhum sichtbaren Berg so faszinierend. Für zahlreiche Ärzte, Apotheker und Naturwissenschaftler aus ganz Europa mussten die Behörden immer wieder Ausnahmen bewilligen. In seinem Traktat über die Besteigung des Pilatus aus dem Jahr 1555 verkündete der Zürcher Conrad Gessner schon zweihundert Jahre vor Albrecht von Haller die Schönheit der Alpen. Seinem Ruf sind Hunderte, später Tausende von Touristen gefolgt. Mit dem Verlanden des Seeleins verblassten allmählich die Sagen, nur die Faszination des spitzen Felskopfes über dem Vierwaldstättersee verlor sich nicht. Im 19. Jahrhundert, wo der Technik nichts mehr unmöglich schien, wurde der Berg zur Herausforderung für Ingenieure und Techniker.

Vom Monorail-Projekt zur Zahnradbahn

Ein erstes Konzessionsgesuch für den Bau einer normalspurigen Bahn wurde 1873 von der Kreditanstalt Luzern eingereicht. Der gelungene Bau einer Zahnradbahn auf den benachbarten Rigi hatte auch auf der andern Seite des Vierwaldstättersees die Phantasie angeregt. Der Bank schien das Unternehmen dann aber doch zu teuer. Zwölf Jahre später hatten Bundesrat und Parlament ein weiteres Gesuch zu begutachten: Die Zürcher

Schiebebühne auf der Ämsigenalp (Foto: Pilatus-Bahnen)

Bauunternehmung Locher & Cie und Eduard Guyer-Freuler schlugen statt der Normalspurbahn eine viel steiler angelegte Einschienenbahn vor. Im Eilzugstempo wurde die Konzession erteilt, und fast so schnell wurde die Erschliessung des Pilatus an die Hand genommen und vollendet. Verwirklicht wurde allerdings nicht das abenteuerlich anmutende Monorail-Projekt, sondern eine schmalspurige Zahnradbahn mit einem völlig neuartigen Zahnstangensystem.

Eduard Locher, der an der Gotthardbahn erste eisenbahntechnische Erfahrungen gesammelt hatte, musste für die steilste Zahnradbahn der Welt ein heikles Problem lösen: Wie kann sichergestellt werden, dass das Zahnrad nicht auf die Zähne der Zahnstange «aufsteigt» und das Gefährt plötzlich den Halt verliert? Bei

einer Steigung von bis zu 48 Prozent war dieses Risiko nicht zu unterschätzen. Der findige Bauunternehmer wusste Rat und erfand ein eigenes Zahnstangensystem (siehe Seite 92f).

Bei diesem System, das bei keiner andern Bahn je wieder kopiert wurde, greifen die Zahnräder nicht von oben, sondern von beiden Seiten in die Zähne der Stange ein, von einem unter den Zähnen mitdrehenden Ring fest geführt. Der Zahneingriff werde dabei «in höchst vollkommener Weise geführt», bescheinigten die zwei Professoren Gerlich und Ritter vom Zürcher Polytechnikum. «Selbstverständlich wäre die Ausführung einer Probestrecke – als Demonstratio ad oculos – immer willkommen», zitiert die Schweizerische Bauzeitung vom Februar 1886 ein anderes Gutachten, erstellt von den Herren Haueter, Maschinenmeister der N.O.B. in Zürich, und Stocker, Maschinenmeister der Gotthardbahn. Eine solche sei aber «nicht als nothwendig anzusehen, zumal beim Bahnbau von selbst Probestrecken entstehen, auf denen das, vorläufig vielleicht nur in einem oder zwei Exemplaren beschaffte Rollmaterial zum Transport für den Bau verwendet und hiebei ausprobirt werden kann, um die Erfahrungen an den später zu vollendenden Fahrzeugen zu benützen», räumen die Experten ein.

Kreuzen auf einer Spur

Zur Diskussion Anlass gaben auch die kleinen Kurvenradien von bloss 80 Metern und die geringe Spurweite von 80 Zentimetern. «Immerhin» — so die Professoren der ETH — «erscheint es uns aber angezeigt, gegenüber dem zu gewärtigenden Winddrucke noch besondere Vorkehrungen zu treffen, um das Herausschleudern des Wagens zu verhindern.» Doch auch daran hatte Locher mit den die Schienenköpfe umfassenden Schuhen bereits gedacht.

Als am 17. August 1889, fast ein Jahr vor der offiziellen Eröffnung, der erste Personenzug mit dem Verwaltungsrat an Bord nach einer atemberaubenden Fahrt über 23 Brücken und Viadukte und durch sieben Tunnels den felsigen Gipfel erklomm, war das Kreuzungsproblem noch kaum sehr vordringlich. Doch mit steigendem Verkehrsaufkommen gewannen die Schiebebühnen bei den Stationen und auf der Ämsigenalp immer mehr an Bedeutung. Konventionelle Weichen hätten mit dem gewählten Zahnradsystem nicht realisiert werden können.

Das Problem wurde vorerst mit Schiebebühnen gelöst: Zwei nebeneinander liegende Geleisestücke von einigen Metern Länge, die in unterschiedliche Richtungen gebogen sind, werden auf Schienen quer zur Fahrtrichtung verschoben; damit wird eine Verbindung zum Nebengeleise hergestellt. Insgesamt sechs solcher Schiebebühnen wurden installiert. Die unterste, welche sich in der Station selbst befindet, kann sogar verschoben werden, wenn ein Fahrzeug darauf steht. Während die Bühnen früher vom Bahnbeamten mit einer

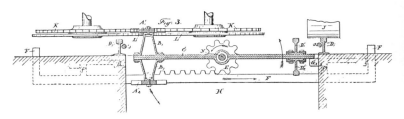

Gleiswender-Patent von Alexander Lindner aus dem Jahr 1891 (Planausschnitt. Aus: Patentschrift a.a.O.)…

74

...und seine Realisierung durch die Firma von Roll im Jahre 1963 bzw. 1965. (Foto: Jürg H. Meyer, Zürich)

Handkurbel bewegt wurden, sind heute alle — wie auch die Bahn selbst — elektrisch angetrieben.

Eine Idee kam zu spät

Ob der deutsche Ingenieur Alexander Lindner erst durch die Schiebebühnen der Pilatusbahn zu seiner Erfindung der Geleisewender angeregt wurde oder ob er sie schon vorher in seinem Kopf herumgedreht hatte, wissen wir nicht. Sein Patent für eine «selbstthätige Weiche für horizontalliegende Zahnschienen» aus dem Jahr 1891 kam jedenfalls einige Jahre zu spät, um bei Lochers Werk noch Verwendung zu finden. Weil die Locher-Zahnstange ein Unikum war, blieb Lindners Erfindung jahrzehnte-

lang Papier. Das Modell im Massstab 1:5 verstaubte beim Eidg. Amt für geistiges Eigentum in Bern. Erst beim Neubau und der Erweiterung der Bergstation, zusammen mit dem Wiederaufbau des Gipfel-Hotels Bellevue nach dessen Brand, also zu Beginn der sechziger Jahre des 20. Jahrhunderts, erinnerte man sich an Lindners Idee. Von der Luzerner Firma von Roll wurden in den Jahren 1963 und 1965 die ersten und einzigen Gleiswenderanlagen (auch Kippweichen genannt) zur Verbindung der drei Bahnhofgeleise montiert.

Jeder der beiden Gleiswender besteht aus einer 6,8 Meter langen, kastenförmigen Konstruktion, die um eine in der Längsrichtung der Schienen über einem Graben montierte Achse drehbar ist. Unten und

Der verschwundene Ingenieur Alexander Lindner-Kraisy

Die Lexika verzeichnen seinen Namen nicht. Und selbst in den Archiven lässt sich nur wenig finden über den Ingenieur, der die Kippweichen erfand. 1839 ist er geboren, das steht fest. Am 4. Oktober 1882 hat er sich, von Coburg-Sachsen kommend, in Luzern angemeldet. Zusammen mit Theodor Bertschinger betrieb er ein Bauunternehmen, das 1890/91 im Auftrag die Brienz-Rothorn-Bahn erstellte. Schon kurz nach Eröffnung musste das Bahnunternehmen jedoch seine Bilanz deponieren. «Die Überlegungen Lindners haben sich, nach der Erstellung der Rothornbahn, viel zu optimistisch erwiesen...», wird in der Jubiläumsschrift «50 Jahre Brienz-Rothorn-Bahn» festgehalten. In der Folge übernahm die Baufirma Lindner & Bertschinger für einige Jahre die Bahn. Auch ihr gelang es jedoch nicht, sie aus den roten Zahlen zu führen. Merkwürdigerweise blieb Lindner in dieser Zeit an seinem Wohnort Luzern unauffindbar. «Ohne Abmeldung abgereist», ist in den Akten des Luzerner

Th. Bertschinger (l.) und Alexander Lindner. (Foto: Brienz-Rothorn-Bahn)

Stadtarchivs verzeichnet. Ende 1894 schickten die Luzerner Stadtbehörden daher seine zurückgebliebenen Papiere ans deutsche Konsulat.

---

oben auf der Platte sind je ein Schienenpaar und eine Zahnstange befestigt, die wie bei den Schiebebühnen verschieden gebogen sind. Ein elektrischer Spindelmotor dreht die Platte mit einer Geschwindigkeit von 0,57 Metern pro Sekunde. Je nach Stellung der 3,8 Tonnen schweren Platte

wird das Triebfahrzeug in die eine oder andere Richtung geleitet. Vor dem Befahren wird die Platte automatisch arretiert. Die Zugsicherungsanlage überwacht ihr richtiges Funktionieren. Wäre die Platte durchsichtig, so würde auch jedem klar, warum auf ihrer einen Längsseite ein Gegengewicht von 1150 kg angebracht ist: Die Gleisstücke oben und unten auf der Platte sind nämlich beide effektiv in die gleiche Himmelsrichtung gebogen. Das Gegengewicht auf der andern Seite gleicht dieses Übergewicht aus.

Literatur:
Gurtner, Verena: Pilatus via Luzern. Zürich, Orell Füssli, 1975.
Lindner, Alexander: Selbstthätige Weiche für horizontalliegende Zahnschienen. Schweizer Patent, Klasse 113, Patent No. 3669, vom 19. Juni 1891.
Schweizerische Bauzeitung, Bd. VII, Nr. 9 (Febr. 1886).

Spazierfahrt durch ein mechanisches Wunderland

 Von Luzern nach Alpnachstad, ca. 45 Minuten (□2601)

 Oder:
Von Luzern nach Alpnachstad, 25 Minuten (□470)

 Von der Talstation der Pilatusbahn zur Schiebebühne beim Depot, 10 Minuten, und zurück

 Von Alpnachstad zum Pilatus Kulm, 30 Minuten (□473)

 Vom Pilatus Kulm zur Fräkmüntegg, 6 Minuten (□1517)

 Von der Fräkmüntegg nach Kriens, 31 Minuten (□1516), von dort 5 Minuten bis zum Bus

 Von Kriens zum Bahnhof Luzern, ca. 15 Minuten (□100.00[57])

Die Zahnradbahn fährt nur in der schneefreien Zeit

 Wer gut zu Fuss und entsprechend ausgerüstet ist, kann den einen oder andern Teil des Abstiegs zu Fuss machen. Die Wanderwege sind beschildert.

Unsere Reise beginnt mit einer Schifffahrt auf dem Vierwaldstättersee, vom Hafen Luzern (unmittelbar beim Bahnhof) um die Landzunge von Kastanienbaum herum und unter der bekannten Achereggbrücke (Autobahn, Eisenbahn und Kantonsstrasse) hindurch nach Alpnachstad. Die Station der Pilatusbahn erreichen wir durch eine Unterführung unter Strasse und Bahn hindurch. Statt sich in die Warteschlange einzureihen, empfehlen wir, zuerst einen kleinen Spaziergang zum Depot zu machen, das einige Meter über dem Bahnhof steht. Der Weg führt links vom Stationsgebäude hinauf. Bei der Abzweigung des Depotgeleises vom Hauptgeleise lässt sich die Konstruktion der Schiebebühne bestens studieren.

Zurück in der Station benützen wir die Wartezeit, um eine weitere Schiebebühne, auf der die Wagen in der Station selbst auf ein anderes Geleise verschoben werden, im Betrieb zu beobachten. Für die Bergfahrt wählen wir einen Platz vorne im Triebwagen, wo wir einen Blick auf die Geleise haben. Da die Bahn keine Zwischenhalte macht, können wir bei der Ausweichstelle Ämsigenalp aber nicht aussteigen. Will man die Geleisewender in der Steilstrecke vor der Bergstation in Funktion sehen, darf man sich nicht zu stark durch das beängstigend steile Trassee (48 bzw. 37 Prozent) ablenken lassen. Mit etwas mehr Musse können wir die geisterhaften Tore zwischen Unter- und Oberwelt mit einem Feldstecher von der Terrasse des Hotels Bellevue aus betrachten.

Bei der Abfahrt mit der Luftseilbahn bzw. der Gondelbahn erleben wir anschliessend die modernere Variante der Bezwingung steiler Gipfel. Die beiden Bahnen sind erst seit 1956 bzw. 1954 in Betrieb. Wer bis Fräkmüntegg zu Fuss absteigen will, braucht gute Bergschuhe und einen sicheren Tritt. Für weniger Bergerfahrene und Kinder ist der Weg von der Fräkmüntegg an abwärts geeigneter.

Die Bushaltestelle in Kriens befindet sich nur einige Minuten von der Talstation der Gondelbahn entfernt. Wer in Luzern noch Zeit hat, dem sei empfohlen, den neuen Bahnhof mit der imposanten Fassade des spanischen Architekten Calatrava zu bewundern (zu Calatrava s. Seite 35f).

Streckensicherung gegen Lawinen
Die Niesenbahn im Berner Oberland

So bezaubernd und vielfältig die Schönheit der Berge auch ist, so nüchtern und brutal zeigen sich hier die Naturgewalten: Lawinen, Erdrutsche, Felsstürze oder reissende Wildbäche. Nicht von ungefähr treffen wir in Berggegenden oft Bildstöcke, Kreuze und Wegkapellen zum Gedenken an Menschen, die bei Naturkatastrophen ihr Leben verloren haben. Doch auch die Verkehrswege und Verkehrsmittel sind der Gewalt von Lawinen ausgesetzt, falls sie nicht geschützt werden. Um das Ausmass einer Katastrophe zu verkleinern oder gar zu verhindern, werden den Lawinen mit Stahl und Beton ihre natürlichen Wege verbaut.

Da konnte nur ein Wunder helfen...

Wer noch nie eine losbrechende Schneelawine erlebt hat, kann sich anhand von Johann Peter Hebels beeindruckender Beschreibung aus dem «Schatzkästlein des rheinischen Hausfreundes» von 1888 ein Bild davon machen: «Auf allen hohen Bergen lag ein tiefer, frisch gefallener Schnee. Der 12. Dezember brachte Tauwind und Sturm. Da dachte jedermann an grosses Unglück und betete. Wer sich und seine Wohnung für sicher hielt, schwebte in Betrübnis und Angst für die Armen, die es treffen wird, und wer sich hielt, sagte zu seinen Kindern: ‹Morgen geht die Sonne nimmer auf›, und bereitete sich zu einem seligen Ende. Da rissen sich auf einmal und an allen Orten von den Firsten der höchsten Berge die Lawinen oder Schneefälle los, stürzten mit entsetzlichem Tosen und Krachen über die langen Halden herab, wurden immer grösser und schossen immer schneller, tosten und

krachten immer fürchterlicher, und jagten die Luft vor sich her und so durcheinander, dass im Sturm, noch ehe die Lawine ankam, ganze Wälder zusammenkrachten, und Ställe, Scheunen und Waldungen wie Spreu davonflogen, und wo die Lawinen sich in den Tälern niederstürzten, da wurden stundenlange Strecken mit allen Wohngebäuden, die darauf standen, und mit allem Lebendigen, was darin atmete, erdrückt und zerschmettert, wer nicht wie durch ein göttliches Wunder gerettet wurde.»

Lawinenverbau — eine zunehmende Notwendigkeit

Heute wird nicht mehr auf rettende Wunder gewartet, sondern man versucht, exponierte Dörfer, Weiler oder Verkehrsträger durch verschiedene Schutzmassnahmen vor Schnee- oder Steinlawinen zu schützen.

Fast überall in den Bergen, wo der Schutzwald fehlt, gehen Lawinen

Südwestlich vom unteren «Lauizug», durch einen leicht bewaldeten Felsgrat von ihm getrennt, verläuft der mittlere «Lauizug» gegen die «Lauibrücke» der Niesenbahn und mündet auf den weiter unten liegenden Weiden aus. Diese Aufnahme entstand ca. 1916, noch vor der Ausführung der Verbauungen und Aufforstungen. (Foto: Forstinspektion Oberland, Lawinendienst)

nieder. Einige von ihnen fahren Jahr für Jahr zu Tal und sind der Bevölkerung meist bestens bekannt. Viele Lawinen brechen an Hängen los, die ehemals Wald trugen, aber im Laufe der Zeit durch Menschenhand gerodet wurden, um Holz zu gewinnen oder neues Weideland zu schaffen. Solange diese Hänge alllerdings bewirtschaftet werden, ist die Lawinengefahr relativ klein. Gefahr droht, wenn die Bewirtschaftung aufgegeben wird und das nicht geschnittene Gras zur Gleitfläche der Schneemassen wird. Früher, als die Bevölkerungsdichte noch gering war und der Verkehr im Winter stillag, konnte mit den vielen Lawinenzügen gelebt werden. Heute müssen vielerorts die Lawinenzüge verbaut oder der Schutzwald deshalb wieder aufgeforstet werden, weil die Infrastruktur der Verkehrsmittel sich vergrössert hat und eine Katastrophe dementsprechend schlimmere Auswirkungen hat.

Die Niesenbahn

Als im Sommer 1906 mit dem Bau der Niesenbahn begonnen wurde, waren sich die Erbauer der Gefahren nicht genügend bewusst, welche die stolze Pyramide am Thunersee in sich barg. Mangelnde Erfahrung auf dem Ge-

80

biet der Aufforstung und des Lawinenverbaus hielten die Konstrukteure vorerst davon ab, sich mit diesen Problemen zu beschäftigen. Sie merkten jedoch bald, dass mit Naturgewalten nicht zu spassen ist, und fingen an, nach notwendigen Massnahmen zum Schutz der Bahn zu suchen. Es war damals nicht selbstverständlich, dass Bund und Kanton mit Subventionen und Ratschlägen bezüglich Verbauungstypen und die zu pflanzenden Baumarten solche Projekte zu verwirklichen halfen. So erstaunt es nicht, dass das erste Projekt erst 1910 in Angriff genommen werden konnte, nachdem der Bundesrat seine Zusage für die geforderte Summe erteilt hatte.

Das erste Verbauungsprojekt wurde oberhalb der Mittelstation Schwandegg geplant. Die aus Stein gebauten Fangmäuerchen waren über den ganzen Hang verteilt, und in deren Schutz wurden junge Fichten und Föhren angepflanzt. Schon bald zeigte sich aber, dass die kleinen Mauern gegen Wettereinflüsse, Hitze, Kälte, Frost, Schneedruck nicht widerstandsfähig genug waren. Überdies war diese Methode der Lawinenverbauung zu teuer und zu zeitaufwendig und wurde bald einmal fallen gelassen.

Nach der grossen Lawinenkatastrophe im Winter 1950/51 am Niesen entwickelte die Industrie — durch die Forschung vorangetrieben —, widerstandsfähigere Konstruktionen aus Stahl, die eine erhöhte Sicherheit garantierten. Zahlreiche Schneetische und Schneerechen sowie Kabelnetze

Die drei Grundtypen von Lawinenverbauungen

Stützenverbauungen
Die Verbauung erfasst das Anrissgebiet der Lawine und will damit gleich zu Anfang verhindern, dass die Lawine überhaupt entstehen kann. Der Stützverbau hält den Schnee fest, so dass er nicht abgleiten kann. Diese Verbauung erlaubt auch ein Wiederaufforsten zwischen den einzelnen Stützen. Der neue Schutzwald übernimmt dann mit der Zeit die Aufgabe der Verbauung.

Ablenkverbauungen
Wo die Entstehung von Lawinen nicht verhindert werden kann, wird versucht, sie durch Verbauung unschädlich zu machen. Durch Ablenkdämme und Spaltkeile wird die Lawine in eine andere Richtung gelenkt. Durch Geländeaufschüttung, Pultdach und Galerien erreicht man, dass die Lawine über das geschützte Objekt hinweg fliesst.

Bremsverbau
Wenn sich das Gelände vor dem Schutzobjekt dazu eignet, kann die Lawine auch bloss abgebremst werden. Mit Bremshöckern wird die Lawine in mehrere kleine Arme geteilt, die ihrerseits wiederum geteilt werden. Dadurch wird die Stosskraft der Lawine allmählich bis zu ihrem Stillstand abgebremst.

Diese Aufnahme von 1986 zeigt die gleiche Stelle des «Lauizugs» nach gut gedeihender Aufforstung im Schutze der Schneebrücken aus Eisen und Holz. (Fotomontage: Forstinspektion Oberland, Lawinendienst)

wurden daraufhin an exponierten Hängen installiert. Spezielle Aufmerksamkeit kam der Hegernalp zu, da der unterhalb liegende Viadukt bei jedem Lawinenniedergang Schaden erlitt. Anstelle des klassischen Lawinenverbaus mit Mauern wurden dicht gestaffelte Stahlkonstruktionen in den Hang gebaut, die den Viadukt von Schnee bis zu 12 Tonnen pro Quadratmeter zu schützen vermögen.

Die Natur muss mitspielen

Es liegt zwar heute im Bereich des Möglichen, dass die technischen Werke Katastrophen verhindern können. Voraussetzung ist jedoch, dass die künstlichen Verbauungen durch eine gezielte, optimale Auffor-

stung ergänzt werden. Der Wald schützt im übrigen nicht nur vor Lawinen, sondern ebenso vor Steinschlag und Murgängen. Durch die Wurzeln wird der Boden am Steilhang zusammengehalten und am Abgleiten gehindert. Fallende Steine werden im Gebüsch gedämpft und verfangen sich zwischen den Stämmen.

Trotz allen Erfahrungen der Technik und Wissenschaft gibt es keinen hundertprozentigen Schutz vor Naturgewalten. Das zeigen uns die alljährlich wiederkehrenden, mehr oder weniger grossen Lawinenunglücke in unseren Alpen.

Literatur:
Niesenbahn Gesellschaft AG: 50 Jahre Niesenbahn 1910—1960. Mülenen 1960.
Oechslin, K.: Lawinenverbau. In: Hesta-Mitteilungen, Luzern 1959.

Panorama über verbauten Hängen

 Von Bern über Thun nach Spiez, ca. 30 Minuten, und weiter mit der BLS nach Mülenen (□300)

 Von der Talstation Mülenen mit der Niesenbahn bis zur Mittelstation Schwandegg, ca. 10 Minuten (□1405)

 Von der Mittelstation Schwandegg zur Bergstation Niesen Kulm, ca. 1 1/2 — 2 Stunden

 Von Niesen Kulm mit der Niesenbahn zurück nach Mülenen, ca. 30 Minuten (□1405)

 Von Mülenen nach Spiez und über Thun wieder zurück nach Bern, ca. 30 Minuten (□300)

 Der Weg von Schwandegg nach Niesen Kulm ist relativ steil. Es ist empfehlenswert, sich mit gutem Schuhwerk auszurüsten.

Ein beeindruckendes Bild von Lawinenverbauungen bietet uns die Gegend oberhalb der Mittelstation der Pyramide des Niesens am Thunersee. Der Niesen wurde schon 1557 touristisch bestiegen und beschrieben, da er zu Recht zu allen Zeiten des Jahres als der schönste Berg des Thunerseegebietes gilt. Mit seinen 2362 Metern Höhe bietet er eine der grossartigsten Aussichten in die Voralpen und ein Panorama wie kein zweiter Gipfel in der Gegend. Vom Niesen aus kommt man in den Genuss eines herrlichen Tiefblicks auf die Seen, Dörfer, Täler, Wiesen und Wälder

Mit einer maximalen Steigung von 68 Prozent führt die Niesenbahn ihre Passagiere auf die stolze Pyramide am Thunersee. (Foto: Klopfenstein, Adelboden)

des Berner Oberlandes, und andererseits öffnet sich eine prachtvolle Weitsicht auf die Vor- und Hochalpen vom Titlis bis zum Mont-Blanc. Je nach Tageszeit und Sichtverhältnis reicht der Blick über das Mittelland bis zum Jura, zu den Vogesen und zum Schwarzwald. Besonders günstig ist ein milder, föhnklarer Herbsttag, um dem Niesen einen bezaubernden Besuch abzustatten.

Wir beginnen unsere Wanderung mit Seitenblick auf die Lawinenverbauungen nicht an der Talstation Mülenen, sondern nehmen bis zur Mittelstation Schwandegg die Bahn. Denn erst oberhalb der Waldgrenze sind die in den Steilhang eingesetzten und an feste Felsvorsprünge angelehnten Lawinensperren zum Schutz des Waldes und der Bahnanlage zu sehen. Ein gut begehbarer, aber steiler Weg führt im Zickzack an diesen Verbauungen vorbei. Nach dem letzten Aufstieg, der beim Stall Rebmattli vorbeiführt, erreicht man bald einmal die Station Niesen Kulm.

Die Verbauungen sind auch von der Bahn aus sehr gut zu sehen. Wer also nicht so gut zu Fuss ist, kann sich fahrend diese technischen Schutzmassnahmen ansehen.

Ein Ausflug ganz besonderer Art führt uns hoch über den Genfersee, von Lausanne nach Montreux und hinauf auf den Gipfel der Rochers de Naye. Wir werden dabei mit dem Dampfschiff, zwei verschiedenen Zahnradbahnen, einer Standseilbahn und der «normalen» Eisenbahn unterwegs sein. Dabei steht die Zahnradbahn im Mittelpunkt. Wir lernen ihre Vielseitigkeit und die unterschiedlichen Bauprinzipien kennen: Als städtisches Nahverkehrsmittel, das zwei unterschiedlich hoch gelegene Zentren einer Stadt verbindet, oder als Bergbahn, hin zu verschneiten Gipfeln — Zahnradbahnen erschliessen Ziele, die für andere Verkehrsmittel unerreichbar sind.

Auf die Zähne kommt's an:
Die Zahnstangensysteme von
Emil Viktor Strub und Roman Abt

Die meisten Zahnradbahnen auf der Welt sind mit Zahnstangen nach den Plänen von vier Schweizer Konstrukteuren gebaut worden. Demzufolge spricht man auch von den nach ihren Erfindern benannten Zahnstangensystemen. Wichtigstes Unterscheidungsmerkmal sind dabei Form und Anordnung der Zähne und Sprossen. Zwei von diesen Systemen sollen hier kurz erläutert werden, damit wir auf dem Ausflug die wichtigsten Merkmale sofort erkennen. Die beiden anderen Systeme werden wir im

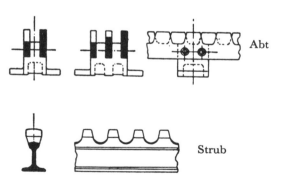

Zahnstangensysteme Strub und Abt (Aus Hefti, W.: Zahnradbahnen der Welt, Basel 1971)

folgenden Kapitel kennenlernen (Seite 90 ff.).

Das System von Emil Viktor Strub (1858–1909) gelangte erstmals 1896 bei der Jungfraubahn zur Anwendung. Als Zahnstange dient eine Breitfussschiene, aus deren konischem Kopf die Zähne herausgefräst sind. Der Zahngrund ist von der Mitte aus nach beiden Seiten abgeschrägt, um Steine zum Abgleiten zu bringen oder Eis wegdrängen zu können. Die auf unserem Ausflug besuchte Lausanne-Ouchy-Bahn ist nach diesem System gebaut. Weitere Bahnen in der Schweiz nach dem System Strub sind zum Beispiel die Martigny-Châtelard-Vallorcine-Bahn oder die Altstätten-Gais-Bahn.

Die Zahnstange von Roman Abt (1850–1933), auch Lamellenzahnstange genannt, besteht aus nebeneinander, in der Zahnung versetzt angeordneten Zahnlamellen, eine bis drei an der Zahl, je nach Steigung. Sie zeichnet sich durch ein kleineres Laufmetergewicht aus und ermöglicht kleinere Kurvenradien, ohne dass dadurch die Fabrikation verteuert würde. Günstig ist ferner die Verteilung des Zahndruckes auf mehrere Punkte und die einfachere Konstruktion der Weichen. Erstmals kam das System Abt 1885 auf der deutschen Harzbahn zwischen Blankenburg und Tanne zum Einsatz. Beispiele für Zahnradbahnen nach dem System Abt sind in der Schweiz die Furka-Oberalp-Bahn, die Brig-Visp-Zermatt-Bahn oder die in diesem Kapitel beschriebene Montreux-Glion-Rochers-de-Naye-Bahn (Foto S. 6).

Die vier Zahnradstrecken auf einen Blick

Lausanne—Ouchy
Erstes Betriebsjahr als reine Zahnradbahn: 1958 (1877 als Seilbahn gebaut, in kleinen Steigungen Lamellenzahnstange)
Länge: 1485 m
Höhendifferenz: 105 m
(374–479 m ü.M.)
Maximale Steigung: 25 %
Zahnstangen: System Strub
Spurweite: 1485 mm (Normalspur)

Territet—Glion
Erstes Betriebsjahr: 1883
Länge: 640 m
Höhendifferenz: 301 m
(388–689 m ü.M.)
Maximale Steigung: 27 %
Zahnstangen: System Riggenbach
(seit 1974 reine Standseilbahn)
Spurweite: 1000 mm

Glion—Rochers de Naye
Erstes Betriebsjahr: 1892
Länge: 7700 m
Höhendifferenz: 1281 m
(689–1970 m ü.M.)
Maximale Steigung: 22 %
Zahnstangen: System Abt
Spurweite: 800 mm

Montreux—Glion
Erstes Betriebsjahr: 1909
Länge: 2850 m
Höhendifferenz: 293 m
(396–689 m ü.M.)
Maximale Steigung: 13 %
Zahnstangen: System Abt
Spurweite: 800 mm

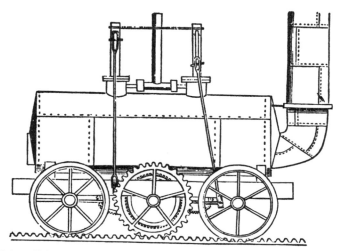

Erste Zahnradlokomotive der Welt (Blenkinsop 1812) (Aus: Hefti, W., a.a.O.)

Die Idee kam von England

Die Erfindung der Zahnradbahn stammt aus den Anfängen des letzten Jahrhunderts. Als erster kam John Blenkinsop, der Besitzer des Middleton Steinkohlebergwerks bei Leeds, auf den Gedanken, die Steigfähigkeit einer Lokomotive durch die Montage einer Zahnstange auf den Schwellen und eines Triebzahnrads an der Lokomotive zu verbessern. Blenkinsop liess sich 1811 ein Patent auf diese Idee erteilen. Er beauftragte den Maschineningenieur Matthäus Murray in Leeds, eine Maschine in diesem Sinn zu konstruieren. Im August 1812 wurde diese erste Zahnradlokomotive auf der hierzu konstruierten Bahn des Middleton-Bergwerks in Gang gesetzt.

Seither sind in der ganzen Welt 52 reine Zahnradbahnen, 87 gemischte Zahnrad- und Adhäsionsbahnen und ungefähr 40 Werkbahnen mit Zahnstangenabschnitten gebaut worden. Die Einsatzgebiete der Zahnradtechnik reichen von der reinen Touristenbahn über Vollbahnen, die ganze Regionen erschliessen, bis hin zu Treidelbahnen zum Einziehen der Schiffe in die Schleusen, wie sie zum Beispiel beim Panamakanal zur Anwendung kommen.

Literatur:
Hefti, W.: Zahnradbahnen der Welt, Basel, Birkhäuser Verlag, 1971.
Styger, E., Widmer, R., Kollors, J.-C.: A l'assaut du roc de Naye, Montreux 1985.

Berg- und Talfahrt mit vier verschiedenen Bahnen

 Von Lausanne nach Ouchy, 6 Minuten
(☐ 103)

 Von Ouchy nach Territet, ca. 90 Minuten
(☐ 2150)

 Von Territet nach Glion, 4 Minuten (☐ 121)

 Von Glion zu den Rochers de Naye,
41 Minuten (☐ 121)

 Wandermöglichkeiten, 2 Restaurants, Alpen-
floragarten; im Winter verschiedene Skilifte
und Abfahrten

 Von den Rochers de Naye über Glion nach
Montreux, 55 Minuten (☐ 121)

 Von Montreux nach Lausanne, 20 Minuten
(☐ 100)

Unser Gipfelsturm beginnt beim Bahnhof in Lausanne. Zuerst geht's — wie üblich bei Berg- und Talbahnen — mit Gepolter und rasant talwärts zum See. Dazu steigen wir in die 1877 gebaute Lausanne-Ouchy-Bahn, die uns in wenigen Minuten zum Hafen Ouchy bringt. Die 1485 Meter lange Zahnradbahn nach dem System Strub verbindet das Stadtzentrum und den Bahnhof mit dem Hafen. Die oberen beiden Stationen sind unterirdisch angelegt, weshalb sich die Bahn stolz «Metro» nennt.

Im Hafen angelangt, steigen wir auf das Schiff und geniessen auf der rund anderthalbstündigen Fahrt entlang dem rechten Genferseeufer den

Blick auf die Rebberge und die bekannten Kurorte Vevey und Montreux.

Bei Territet, eine Haltestelle nach Montreux, steigen wir aus und gelangen auf der gegenüberliegenden Seite der Strasse an die Talstation der Standseilbahn nach Glion. Wie ein Lift steigt die Bahn in die Höhe, und während wir dem Häusermeer entschwinden, öffnet sich der Blick auf die Berge und den Genfersee.

Die Bahn wurde 1883 von Niklaus Riggenbach konstruiert. Sie wurde bis zum Jahr 1974 mit Wasser angetrieben. Die beiden Wagen waren über die Bergstation mit einem Seil verbunden. In der Bergstation füllte man Wasser als Ballast in einen Tank am Wagen, bis dieser so schwer wurde, dass er den anderen Wagen samt Personen heraufzuziehen vermochte. Gebremst wurde vom Wagen aus mit einem Zahnrad, das in die zwischen den Geleisen montierte Zahnstange griff. 1974 machte der Fortschritt aber auch vor dieser genialen Erfindung nicht halt, und die Bahn wurde auf vollautomatischen und elektrischen Antrieb umgestellt. Dabei wurde die Zahnstange entfernt, so dass die Bahn heute eine reine Standseilbahn ist. Einer der ehemaligen Wagen mitsamt Zahnstange ist heute noch in der Talstation ausgestellt.

In Glion steigen wir in die Rochers-de-Naye-Bahn um. Dem Kenner fällt der Unterschied der Zahnstangen sofort auf. Eine Lamellenzahnstange nach dem System Abt führt zwischen den Geleisen. Hier werden auch die Vorteile dieses Systems deutlich: Da im Bahnhof selbst keine grossen Steigungen zu überwinden sind, war nur die Verlegung einer Lamelle nötig. Sobald das Trassee stärker steigt, sind zwei Lamellen verlegt.

Zügig geht es nun hinauf bis zum Gipfel der Rochers de Naye. Durch einen 250 Meter langen Felsstollen gelangen wir zum Aussichtsrestaurant mitten in der Felswand, von wo sich die phantastische Sicht auf die ganze Region, den Genfersee und unzählige Berggipfel geniessen lässt.

Unvergesslich sind auch die Abendstimmungen hier oben auf 2042 Meter Höhe. Doch spätestens um 20.00 Uhr muss aufbrechen, wer wieder mit der Bahn talwärts fahren will. Die Bahn fährt über die 1909 erbaute Verlängerung der Rochers-de-Naye-Bahn, direkt bis hinunter zum Bahnhof Montreux, von wo stündlich ein SBB-Schnellzuganschluss Richtung Lausanne besteht.

Man glaubt fast zu fliegen in den bequemen SBB-Abteilen und geniesst es, die Landschaft ohne Rütteln und Rumpeln vorbeigleiten zu lassen. Zwanzig Minuten später fährt der Zug in den Bahnhof Lausanne ein, wo sich beim Schild «metro Lausanne-Ouchy» der Kreis unserer Rundreise schliesst.

Zähneknirschen am Berg
Die Riggenbach-Zahnradbahn auf die Schynige Platte

Ein weiterer Ausflug, der den Zahnradbahnen gewidmet ist, führt auf die Schynige Platte im Berner Oberland. Ihren Namen hat die sonnige Aussichtsterrasse vom Schiefergestein, dessen Platten nicht nur im Sonnenlicht, sondern auch bei Regen ins Tal hinab «scheinen».

Die erste Zahnradbahn im Berner Oberland

Die Projektbeschreibung an die Adresse des Finanziers schilderte den Wert des geplanten Schienenwegs auf die Schynige Platte in rosigen Farben: «Ist schon heute die Schynige Platte ein sehr beliebter Aussichtspunkt, so wird ihr Besuch ausserordentlich gewinnnen, wenn eine Bahn ihre Schlangenlinien bis auf die Bergspitze führt. Dann braucht es nicht mehr eine Anstrengung, die für gar

so viele eine Unmöglichkeit ist, nicht mehr 4 — 5 Stunden Zeit und noch weniger eine Auslage von 20 — 25 Fr. für Reittiere. Durch die Zahnradbahn — ähnlich der Rigibahn — soll nun dieser Zweck erreicht und die ganze Fahrt bei mässiger Taxe in 1¼ bis 1½ Stunden ausgeführt werden können. Mit dem Bau der Schynige Platte-Bahn wird ein Lieblingsobjekt Interlakens, dieses gewaltigen Zentrums des gesamten oberländischen Fremdenverkehrs, verwirklicht. Interlaken allein, mit seinen Tausenden von

Die Schynige-Platte-Bahn mit Eiger, Mönch und Jungfrau (Foto: H. Steiner, Interlaken)

Fremden, wird diese Bahn reichlich alimentieren. Von Interlaken aus werden Touristen wie Kurgäste die Bahnzüge beobachten können, wie sie in Serpentinen die Höhe hinandampfen, und wenige wird es unter ihnen geben, welche nicht auch Zeit und Lust hätten, den Berg mit seiner einzig schönen Aussicht und seinen seltenen Gelegenheiten zu hochinteressanten wenig schwierigen Touren zu besteigen.»

Am 14. Juni 1893 nahm die Bahn ihren fahrplanmässigen Betrieb auf. Nach knapp zweijähriger Bauzeit war sie damit die erste Zahnradbahn des Berner Oberlands.

Die technischen Daten mögen dem Leser Einblick in den Umfang der Einrichtungen dieser Bahn geben: Die Streckenlänge, einschliesslich aller Ausweich-, Rangier- und Werkstattgeleise, beträgt 8373 Meter. Bei der geringen Höchstgeschwindigkeit von nur 12 km/h konnte der kleinste Kurvenradius mit 60 Metern bemessen werden, was die Trassierung sehr erleichterte. Die vier Tunnels haben zusammen eine Länge von 376 Metern. Ausserdem führt die Bahn über acht Brücken von insgesamt 80 Meter Länge. 1914 wurde die ganze Strecke elektrifiziert. Vier elektrische Lokomotiven He 2/2 lösten die Dampflokomotiven ab. Zur Erhöhung der Beförderungskapazität waren Mitte der sechziger Jahre weitere Lokomotiven dringend erforderlich. Die Bahn beschaffte jedoch keine neuen Lokomotiven, sondern übernahm von der Wengeneralp-Bahn Lokomotiven, Baujahr 1910 bis 1913, Höchstgeschwindigkeit 11 km/h. So erscheint die Schynige-Platte-Bahn heute noch nostalgisch, während andere Bahnen durch den Einsatz von modernerem Fahrwerk viel von ihrer Romantik verloren haben.

Der Fahrzeugpark umfasst heute 11 elektrische Lokomotiven, 22 Personenwagen, 6 Güterwagen, ein Kesselwagen für Wassertransporte sowie drei Dienstwagen. Von den ursprünglich sechs Dampflokomotiven ist nur noch die 1894 gebaute H 2/3 Nummer 5 erhalten geblieben. Sie steht für Sonderfahrten zur Verfügung. Ausserdem wird sie im Herbst und im Frühling zum Abbau und Wiederaufbau der elektrischen Fahrleitung eingesetzt, die wegen Lawinenniedergängen über den Winter jeweils demontiert wird.

Die Schynige-Platte-Bahn

Erstes Betriebsjahr: 1893
Länge: 7257 m
Höhendifferenz: 1383 m
(584 – 1967 m ü.M.)
Maximale Steigung: 25 %
Zahnstangen: System Riggenbach
Spurweite: 800 mm

Die Zahnstangensysteme von Niklaus Riggenbach und Eduard Locher

1871 wurde die Rigibahn nach den Plänen von Niklaus Riggenbach (1817 – 1899) als erste Zahnradbahn auf einen europäischen Berggipfel eröffnet. Zwischen die Schienen wurde eine Zahnstange montiert, in die ein Treibrad eingriff und so dem Gefährt ermöglichte, sich auf der steilen Rampe bergauf zu bewegen.

Die Riggenbachsche Zahnstange, auch Leiterzahnstange genannt, besteht aus zwei senkrecht angeordneten U-Eisen-Wangen, zwischen welche gewalzte Zähne mit trapezförmigem Querschnitt kalt eingenietet sind.

Das Triebzahnrad greift vertikal in die Zahnleiter ein. Die Wengeneralp-Bahn oder die Rorschach-Heiden-Bahn sind weitere Beispiele für Riggenbachsche Leiterzahnstangenbahnen.

Beim System von Eduard Locher (1840—1910 greifen die Triebzahnräder von beiden Seiten horizontal in die Zahnstange ein. Zusätzlich verhindern Führungsräder ein Ausgleiten der Triebräder aus der Zahnstange. Das System hat den Vorteil, dass extrem steile Streckenabschnitte befahren werden können. Mit diesem System wurde als einzige Zahnradbahn 1889 die Pilatusbahn ausgerüstet. Sie weist eine maximale Steigung von 48 Prozent auf und gilt damit als steilste Zahnradbahn der Welt. Wie Locher dabei das Problem der Weichen gelöst hat, wird auf Seite 72 ff. beschrieben.

Literatur:
Hefti, W.: Zahnradbahnen der Welt, Basel, Birkhäuser Verlag, 1971.
Rossberg, R.: Die Jungfrauregion und ihre Bahnen, Bern 1983.

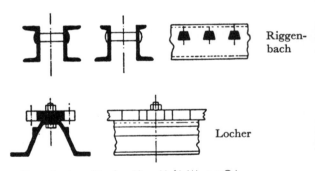

Riggenbach

Locher

Zahnstangensysteme Riggenbach und Locher (Aus: Hefti, W., a.a.O.)

Weltweit einzigartig: Zahnstangensystem von Eduard Locher bei der Pilatusbahn
(Foto: Pilatus-Bahnen)

Ein Ausflug wie zu Grossmutters Zeiten

 Von Interlaken nach Wilderswil, 10 Minuten
(□311 oder 310.85)

 Von Wilderswil nach Schynige Platte,
50 Minuten (□314)

 Vielfältige Wandermöglichkeiten auf der
Schynige Platte, Gipfelrestaurant, Grillplatz,
Alpkäserei, Botanischer Garten

 Bahnstation BOB und Schynige-Platte-Bahn:
Tel. 031/22 85 44

Die Talstation der Schynige-Platte-Bahn liegt in Wilderswil unmittelbar neben dem Bahnhof der Berner-Oberland-Bahnen. Ein kurzes Stück verlaufen beide Geleise südwärts nebeneinander her, trennen sich dann aber jäh. Zunächst zieht die Schynige-Platte-Bahn an der Westflanke des Berges hinauf durch den Wald, der sich nur hie und da für einen flüchtigen Blick öffnet. Nachdem der Zug schon gut dreihundert Höhenmeter überwunden hat, verschwindet er unvermittelt im 168 Meter langen Roteneggtunnel, beschreibt im Berg eine scharfe Kurve und verlässt ihn in nahezu entgegengesetzter Richtung. Bald folgt der nur 16 Meter lange Stollfluhtunnel, während das Trassee nun auf der Nordseite des Berges beständig weiter in grossen Windungen ansteigt. Dabei bieten sich häufig Durchblicke auf Interlaken und die beiden Seen.

Nach 4,6 Kilometern erreichen wir die weite Alp Breitlauenen (1542 m ü.M.). Der Dampfzug hat hier stets einige Minuten Aufenthalt, bis der Wasservorrat wieder aufgefüllt ist. Bald nach der Station schwenkt die Bahn wieder nach Süden und erreicht teils über Alpweiden, teils durch den Bergwald den 162 Meter langen Grätlitunnel, den die Einheimischen auch den «Ah-und-Oh-Tunnel» nennen, denn er führt auf die Südseite des Berges, wo sich mit einem Mal der überwältigende Blick auf die Berner Alpen und die imposante Gipfelgruppe von Eiger, Mönch und Jungfrau öffnet.

Am Grätlitunnel und ein Stück weiter kämpft die Bahn seit Jahren gegen unstabile Bodenverhältnisse, die umfangreiche Verbauungen notwendig machten. In sanften Windungen erklimmt der Zug nun die letzte Steigung, passiert dabei noch den 30 Meter langen Stepfeggtunnel und erreicht nach insgesamt 7257 Metern Fahrstrecke die Bergstation.

Nur wenige Schritte oberhalb der Station lädt das geräumige Berghaus mit der grosszügig auf der Sonnenseite vorgelagerten Terrasse zur beschaulichen Rast ein, während gegenüber im Silberlicht die Viertausender erstrahlen. Kenner behaupten, hier geniesse man die schönste Aussicht im ganzen Berner Oberland.

Der Ausflug auf die Schynige Platte bietet aber nicht nur eine unvergessliche Fahrt mit der Zahnradbahn und eine herrliche Aussicht auf die Berner Alpen. Je nach Lust und Laune kann ein Spaziergang auf dem gut ausgebauten Wanderwegnetz, ein Besuch in der Alpkäserei oder im botanischen Alpengarten mit über 500 Pflanzenarten oder eine Mondscheinwanderung zum 2680 Meter hohen Faulhorn unternommen werden. Eine Übernachtung «wie zu Grossmutters Zeiten» im Hotel Schynige Platte ist eine weitere Attraktion, die in den bald hundert Jahren seit der Eröffnung der Bahn für die Besucher geschaffen wurde.

Ein Drahtseil über den «Röschtigraben»
Die Standseilbahn Ligerz — Tessenberg LTB

Der Siegeszug der Eisenbahnen machte auch vor den Bergen nicht halt. Wo es auf kurzer Strecke grosse Höhenunterschiede zu überwinden galt, kamen die Standseilbahnen zum Zug. Die Ligerz-Tessenberg-Bahn LTB (frz.: Funiculaire Gléresse-Montagne de Diesse) ist weder die älteste noch die schnellste, weder die steilste noch die längste ihrer Art. Dennoch hat auch diese Standseilbahn ihre eigenen, unverwechselbaren Züge.

Erst die Lokomotive, dann die Wagen

Mit der ersten Dampflokomotive, welche Richard Trevithick im Jahre 1804 in Gang gesetzt hatte, war das Eisenbahnzeitalter zwar eingeläutet, aber die Lokomotivbauer hatten noch eine Menge zu lernen. Das Pro-blem der Adhäsion, der effizienten Kraftübertragung auf die Schienen, setzte den Bahnpionieren noch enge Grenzen. Die erste (öffentliche) Eisenbahnlinie, die 1830 zwischen Manchester und Liverpool in Betrieb genommen wurde, drohte lange Zeit an einer Steigung von 20 Promille zu

Die Kreuzungsstelle der LTB, hoch über dem Bielersee (Foto: Archiv LTB)

scheitern. Bauingenieur George Stephenson stand buchstäblich «am Berg», denn bei solchen Rampen waren die damaligen Lokomotiven schlicht überfordert. So behalf er sich mit einem Drahtseil, das auf einer von der Dampfmaschine angetriebenen Trommel aufgewickelt war. Ausgerüstet mit dieser Trommel fuhr die Lokomotive allein den Hang hinauf, wobei sich das Drahtseil entrollte. Oben angelangt, wurde sie solide verkeilt und zog dann die zurückgelassenen Wagen zu sich hoch.

Alpines Massenverkehrsmittel

Mit dieser Idee hatte auch die Stunde der Drahtseilbahnen geschlagen. Eigentlich wären die technischen Voraussetzungen schon früher vorhanden gewesen. Auch wenn die erste Standseilbahn der Welt von Lyon nach Croix-Rousse (Einweihung 1862) von einer Dampfmaschine angetrieben wurde — eine Bedingung für das Prinzip «Standseilbahn» war die Erfindung dieses Motors nicht. Ähnliche Bahnen der ersten Stunde funktionieren nämlich allein mittels Wasserballast (zum Beispiel die Giessbach-Bahn): Dabei verfügt jeder Wagen über einen Wasserbehälter, der in der Bergstation gefüllt und in der Talstation entleert wird. Der übergewichtige, talwärts strebende Wagen vermag so den andern mit Hilfe des Seils den Berg hinaufzuziehen (s. dazu auch Seite 119).

Grundlegend neu am Standseilbahnzeitalter waren auch nicht die

Technische Angaben zur LTB

Spurweite (Schmalspur): 1 Meter
Betriebslänge: 1183 Meter
Talstation (Ligerz): 439 m ü.M.
Bergstation Tessenberg (Prêles): 818 m ü.M.
Höhendifferenz: 379 Meter
Mittlere Neigung: 337 Promille
Grösste Neigung: 400 Promille
Fahrgeschwindigkeit: 3,3 Meter pro Sekunde
Fahrzeit: 7 Minuten
Anzahl Personenwagen: 2
Fassungsvermögen pro Fahrzeug: 60 Personen
Transportvermögen in einer Fahrtrichtung: 450 Personen pro Stunde
Anzahl Güterwagen: 2
Betriebseröffnung: 8. Juni 1912
Antrieb: Elektrisch (Ward-Leonard), Gleichstrom-Nebenschlussmotor, 115 PS, 1971 teilweise automatisiert, induktive Seitenleitung
Betreiberin: OSST (Oberaargau-Solothurn-Seeland-Transport)

Fortschritte bei der Fabrikation der Drahtseile (schon die alten Ägypter sollen «metallische Seile» hergestellt haben), sondern vielmehr die Idee des Massenverkehrsmittels als solche. Gerade für die Schweiz, das Land der Berge und des Tourismus, schien dieses neue Transportmittel wie geschaffen. Von den rund 400 Standseilbahnen, die es heute auf der Welt gibt, werden 61 allein in der kleinen Schweiz betrieben, die damit im internationalen Vergleich klar an der Spitze steht. Den Anfang machte die Lausanne-Ouchy-Bahn am 16. März 1877 (s. auch Seite 86 ff). Wo immer es auf kurzer Strecke grosse Höhenunterschiede zu überwinden galt, wurde diese Lösung fortan in Betracht gezogen. Im Gegensatz zu heute schrieben die ersten Standseilbahnen nämlich noch schwarze Zahlen, auch wenn die Aufwand-Ertrags-Rechnung schon damals einer heiklen Gratwanderung glich.

Die erste «S-Bahn»

Massive Geldsorgen plagten auch die Promotoren der Ligerz-Tessenberg-Bahn LTB, welche die «ganz vom Verkehr abgeschnittenen Dörfer auf dem Hochplateau von Prêles mit den grossen Verkehrsadern am Bielersee verbinden» wollten. Dem Gründerkomitee schwebte zunächst das Wasserballast-Prinzip vor, wodurch die Energiekosten praktisch weggefallen wären. Doch die Wasservorkommen auf dem «Plateau» erwiesen sich als zu klein und das Hinaufpumpen von Bielersee-Wasser als zu teuer. So fiel die Wahl schliesslich auf einen Elektroantrieb, der den Strom aus dem nahen Wasserkraftwerk Hagneck bezog.

Finanzielle Engpässe bestimmten auch die Linienführung. Die ursprüngliche Variante der Ingenieure Froté & Westermann (Zürich), die mit einem 112 Meter langen Tunnel schnurgerade geplant war, hielt einer Nachkalkulation des Ingenieurbüros

Schräg gestellte Seiltragrollen (Foto: Archiv LTB)

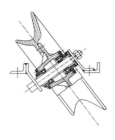

Schräge Seiltragrollen, mit und ohne Kunststoffeinlage. (Aus: Walter Hefti, a.a.O.)

Peter & Strub (Zürich) nicht stand. Dank einer S-förmig geschlauften Streckenführung konnte der teure Tunnel zwar vermieden werden, aber die Erbauer mussten dazu einigen Mut aufbringen, denn diese Lösung bedeutete für jene Zeit ein absolutes Novum.

Tatsächlich stellte die neuartige Gleisführung hohe Anforderungen an Maschinen und Material. Die Seiltragrollen, welche verhindern, dass das Zugseil auf dem Boden schleift oder sich abhebt, mussten fast überall schräg gestellt werden, was die Ab-

nützung entsprechend erhöht. Kein Wunder, dass das erste Drahtseil, geliefert von den Kabelwerken Brugg, schon drei Jahre nach der Betriebseröffnung (1912) ersetzt werden musste. Fortschritte in der Drahtseil- und Seilrollen-Fabrikation (dank Kunststoff-Einlagen) machten diese Nachteile aber bald vergessen. Zum Vergleich: Das heute in Betrieb stehende Förderseil lieferte die Schaffhauser Firma CIS schon vor 20 Jahren (1970). Allerdings sind die Wagen inzwischen um einiges leichter geworden. Die alten, überwiegend aus Holz bestehenden Wagen wurden 1949 von modernen Aluminium-Leichtstahl-Konstruktionen der Firma Gangloff (Bern) abgelöst.

Literatur:
Hefti, Walter: Schienenseilbahnen in aller Welt. Basel und Stuttgart, Birkhäuser Verlag, 1975.
Erinnerungsschrift: 70 Jahre Ligerz-Tessenberg-Bahn 1910—1980, Herausgeber: LTB 1980.
Fünfzigjähriges Jubiläum des Verbandes Schweizerischer Seilbahnen 1900—1950, Herausgeber: Schweizerischer Verband der Seilbahnunternehmungen SVS, Bern 1950.

A

B

Schematische Darstellung eines alten (A) und eines neuen Wagens (B) der LTB (Aus: Walter Hefti, a.a.O.)

Abstieg durch die Twannbachschlucht

 Von Biel (SBB-Bahnhof) zur «Ländti» (Hafen), 3 Minuten (□ 100.00[12], Nr. 1), zu Fuss rund 10 Minuten

 Von Biel nach Ligerz (Schifflände), 40 Minuten (□ 2217)

 Von der Schifflände zur Talstation der LTB, 1 Minute

 Von Ligerz nach Prêles (Tessenberg), 7 Minuten (□ 1016)

 Von Prêles (Bergstation) durch die Twannbachschlucht bis zur Twannbach-Brücke, 1 Stunde

 Von der Twannbach-Brücke auf dem Reblehrpfad zurück nach Ligerz, 30 Minuten

 Von Ligerz zurück nach Biel, 12 Minuten (□ 210)

 Bequeme Schuhe

Die Bergstation in Prêles, dem verschlafenen Dorf auf dem Tessenberg, ist der Ausgangspunkt unserer Wanderung. Wer sich noch kurz verpflegen und die grossartige Aussicht auf Bielersee und Alpenkranz geniessen will, findet gleich neben der Station ein kleines Gartenrestaurant (das allerdings nur im Sommer geöffnet ist). Hier fällt uns eine Besonderheit dieser Standseilbahn auf: Haben wir unten in Ligerz noch «Auf Wiedersehen» gewunken, so werden wir hier oben plötzlich mit «Bonjour» begrüsst. Das kleine Bähnchen schlägt eine Brücke über den «Röschtigraben», ein Unikum, das sich sogar in der LTB-Betriebsleitung festgeschrieben hat: Während der Verwaltungsrat in französischer Sprache tagt, wird die Generalversammlung seit jeher auf deutsch abgehalten.

Via Mala en miniature

Viele Wege führen von Prêles hinunter an den Bielersee. Wir wählen den erfrischendsten: den Abstieg durch die Twannbachschlucht. Auf der Strasse lassen wir zunächst das Dorf Prêles hinter uns. Hier öffnet sich die Landschaft zum weiten Plateau, zum «Balkon der Jurakette», begrenzt vom alles dominierenden Chasseral (1607 m ü.M.). Nur wenige Schritte hinter dem Hotel Bären weist uns ein gelbes Schild den Weg hinunter durch den Wald, zum Twannbach. Wenn das Tosen und Schäumen dieses Wildbachs immer lauter wird, sind wir auf dem richtigen Pfad. Der nachfolgende Abstieg ist auch für verwöhnte Wanderer ein seltener Genuss. Während sich der Twann-

bach seinen Weg zwischen mächtigen Felsbrocken und knorrigen, alten Bäumen immer wieder neu suchen muss, wandern wir bequem und sicher auf steinernen Stufen oder geschützt in natürlichen Felsgalerien.

Quer durch die Reben

Wenn wir stets den Schildern hinunter nach Twann folgen, so wird unser Weg bald von einer stattlichen Brücke gekreuzt. Über das Geländer gebeugt, werfen wir einen letzten Blick auf den Wildbach, wie er sich als imposanter Wasserfall mitten ins kleine Winzerstädtchen stürzt, bevor er dann im See endlich seine Ruhe findet. Müde Wanderer fassen von hier aus bereits den SBB-Bahnhof oder die Twanner Schifflände ins Auge. Die andern wählen aber den Weg nach rechts. Ein Reblehrpfad, quer durch die Hänge bis hinunter nach Ligerz, vermittelt auf zahlreichen Tafeln Wissenswertes über die einheimische Weinwirtschaft. Wenn sich im Herbst die Blätter der Reben goldgelb verfärben, so wähnt man sich hier, selbst wenn es regnet, in schönstem Sonnenschein. Für die Rückreise nach Biel bietet Ligerz ideale Verhältnisse: SBB-Bahnhof und Schifflände liegen wohl keine 30 Meter auseinander.

Als Mister Bell 1812 mit dem ersten dampfangetriebenen Schiff Europas, der «Comet», den Fluss Clyde bei Glasgow befuhr, sprachen ängstliche Stimmen von einem rauchenden und fauchenden Werk des Teufels. Heute, wo die moderne Technik für Laien immer unverständlicher wird, stossen die anschaulichen Mechaniken der Maschinen wieder auf Interesse: Was mit Dampf betrieben wird, erfreut sich grösster Beliebtheit. Auf das Brienzer Rothorn fahren sie noch, die alten Dampfloks aus dem letzten Jahrhundert.

Ohne Dampfmaschine keine industrielle Revolution

Wohl kaum eine andere technische Erfindung hat so umfangreiche soziale und wirtschaftliche Entwicklungsschübe ausgelöst wie die Dampfmaschine. Die Versuche, sich Dampfkraft und den Druck des Dampfes nutzbar zu machen, reichen bis zu den alten Ägyptern. Heron von Alexandrien beschreibt ein Modell zur Öffnung von Tempeltüren mittels Dampfdruck aus der Zeit um ca. 5000 v.Chr. Und im Spätmittelalter konstruierte der Maler und Naturforscher Leonardo da Vinci eine «Dampfkanone», deren Geschosse statt durch eine Pulverexplosion durch Dampfdruck aus dem Rohr geschleudert werden sollten.

Ob diese Maschinen tatsächlich gebaut wurden, ist ungewiss. Es zeigt aber, dass die Forscher jedenfalls die Wirkungen der Dampfausdehnung kannten. Die entscheidenden physikalischen Grundlagen für den späteren Bau von Kolbendampfmaschinen erarbeitete der 1647 in Blois an der Loire geborene Physiker Denis Papin. Er fand heraus, dass der Druck um so höher ist, je höher der Siedepunkt ist. Mit dieser Erkenntnis baute Denis Papin einen Dampfdrucktopf mit Ventil. Der heute vielbenutzte Dampfkochtopf beruht ebenfalls auf diesem Prinzip.

In der Folgezeit beschäftigten sich viele Mechaniker mit der Entwicklung und dem Bau der Dampfmaschine. Doch erst James Watt entwickelte die Dampfmaschine zu jener grossen Arbeitsmaschine, ohne die die industrielle Revolution undenkbar wäre. Seine 1765 patentierte Niederdruckmaschine war in der Lage, ein Vielfaches dessen zu leisten, was bisher die Kraft von Menschen, Tieren oder einfachen Maschinen zustande brachte. Bei seiner ersten Konstruktion, der einfachwirkenden Maschine, bekommt der Kolben immer nur auf einer Zylinderseite einen Schub durch den Dampf, der danach entweicht. Die doppeltwirkende Maschine nutzt den Dampfdruck von beiden Zylinderseiten aus. Damit dieses System funktionieren kann, ist eine gesonderte Dampfsteuerung in Abhängigkeit vom Weg des Kolbens nötig. James Watt löste dieses Problem durch eine Ventil-Hebel-Steuerung. Mit dieser Entwicklung begann der eigentliche Siegeszug der Dampfmaschine.

Die Dampflokomotive

Die älteste Form einer mit Dampf angetriebenen Lokomotive wurde vor ca. 200 Jahren in England entwickelt.

Die während 150 Jahren ständig verbesserten Konstruktionen beruhen alle auf dem gleichen Prinzip: Der durch Erzeugung von Wasserdampf gewonnene Dampfdruck vermag in den Zylindern die Kolben zu bewegen, welche ihrerseits über Treibstangen auf die Räder wirken. Das rhythmische Schlagen der Kolben hört sich an wie der Atem oder der Puls der Lokomotive.

Hohe körperliche Anforderungen werden an den Heizer gestellt. Er füttert den nimmersatten Feuerschlund

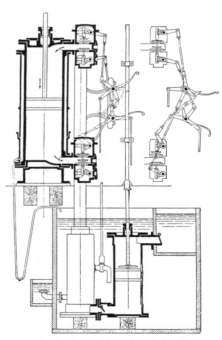

Eine einfachwirkende Niederdruckmaschine mit Zylinder, Steuerung, Kondensator und Schnüffelventil, auf die James Watt 1769 das englische Patent Nr. 913 erhielt. (Aus: Kompenhans, K.: Die Dampfmaschine, Stuttgart 1983).

der Lokomotive mit Kohle. Die dadurch entstehenden heissen Rauchgase werden in Rauchrohren durch den wassergefüllten Kessel geleitet und entweichen dann durch die Rauchkammer und den Kamin ins Freie. Durch die heissen Gase wird das Wasser im Kessel so erhitzt, dass es verdampft. Eine Wasserpumpe sorgt dafür, dass das verdampfte Wasser ständig aus dem Wasserkasten im Tender der Lokomotive ergänzt wird. Auf diese Weise bleibt der Wasserstand im Kessel stets gleich, und der freie Raum, in dem sich der Wasserdampf ausbreiten kann, ist immer gleich gross. Dadurch

wird der Druck immer grösser. Der komprimierte Dampf wird vom Lokführer mit Hilfe eines Reglers in die Dampfleitung und zu den Zylindern geführt. Mit hohem Druck wird der Dampf abwechslungsweise auf die eine oder die andere Kolbenseite gelenkt. Der Kolben wird bewegt, und der verbrauchte Dampf entweicht aus den Zylindern und durch den Kamin ins Freie.

Literatur:
Cosandier, P.: Dampf am Brienzer Rothorn, Brienz, Brienz-Rothorn-Bahn, 1988.
Kompenhans, K.: Die Dampfmaschine, Stuttgart, Motorbuch Verlag, 1983.

Dampfwolken am Brienzer Rothorn

 Von Bern oder Luzern nach Interlaken Ost, 1 Stunde (□310 bzw. □470)

 Von Interlaken Ost über den Brienzersee nach Brienz, ca. 1 Stunde 15 Minuten (□2470)

 Von Brienz aufs Brienzer Rothorn und zurück, ca. 1 Stunde (□475)

 Von Brienz nach Interlaken Ost, 25 Minuten (□470)

 Von Interlaken Ost nach Bern, 1 Stunde 15 Minuten (□310)

Wer an einem schönen Sommertag nach Brienz kommt, dem macht sich schon lange, bevor er ins schmucke, durch seine Holzschnitzerei bekannte Dorf einfährt, die Brienz-Rothorn-Bahn bemerkbar. Über den breiten Dächern der alten Holzhäuser und den mächtigen Tannen des Fluhbergwaldes schwebt eine gelblich-braune Rauchwolke. Und wirklich, hinter dem kleinen Bahnhof warten die Kostbarkeiten aus dem vergangenen Jahrhundert. Doch bevor der erste Dampfzug fahrplanmässig die Bergfahrt in Angriff nehmen kann, beginnen die Heizer um 06.30 Uhr mit ihrer Arbeit. Mit Holz wird ein erstes Feuer angefacht, danach wird durch Beigabe von Kohle sorgfältig die notwendige Kohleglut aufgebaut. Während 1½ Stunden wird die Lokomotive aufgeheizt, kontrolliert, geschmiert und mit Wasser und Kohle beladen. Erst dann ist sie startbereit.

Der Duft von Rauch und heissem Öl kündet die bevorstehende Abfahrt an. Keuchend und stampfend schiebt die Lokomotive die Wagen vor sich her, und bei jedem Kolbenschlag spürt man ihren Puls. Auf gut siebeneinhalb Kilometer Strecke gilt es, 1678 Meter Höhendifferenz mit einer durchschnittlichen Steigung von 225 Promille zu überwinden. Das braucht fast eine volle Stunde, den kurzen Schnaufhalt an der einzigen Zwischenstation Planalp inbegriffen. Hier werden die Loks nochmals mit Wasser versorgt. Für eine Fahrt werden ca. 1500 Liter Wasser verbraucht.

Wohl die wenigsten sind sich bewusst, dass die Geschichte der

Fahrt mit der letzten Dampfzahnradbahn der Schweiz auf das Brienzer Rothorn (Foto: Verkehrsverband Berner Oberland)

Brienz-Rothorn-Bahn vor 100 Jahren begonnen hat. Nachdem mit der Eröffnung der Rigibahn 1871 bewiesen worden war, dass mit Dampflokomotiven sogar Berge bezwungen werden können, brach in der Schweiz ein wahrer Bergbahnen-Boom aus. So ist es weiter nicht verwunderlich, dass sich 1889 unter der Leitung des in Luzern lebenden deutschen Ingenieurs Alexander Lindner ein Ortskomitee bildete, das den Bau einer Bahn auf den bekannten Aussichtsberg im Berner Oberland anstrebte (zu A. Lindner s. auch Seite 75f.). Schon ein Jahr später, im August 1890, konnte mit dem Bau begonnen werden. Auf der damals eher ungewöhnlichen, 80 Zentimeter breiten Spur setzte Lindner die von Bahningenieur Roman Abt neu entwickelten doppellamelligen Zahnstangen ein (s. dazu auch Seite 85f.). Sie haben den Vorteil, dass dauernd vier Zahnräder einer Lokomotive im Eingriff sind, was den Lauf des Zuges ruhiger macht und das Bruchrisiko der Zahnstangen besser verteilt.

Unter Einsatz von 640 Mann konnte nach wenig mehr als einem Jahr Bauzeit die erste Lokomotive die Fahrt auf den Gipfel des Brienzer Rothorns antreten. Das junge Unternehmen schien den Betrieb am 17. Juni 1892 erfolgversprechend eröffnet zu haben — jedoch nicht für lange. 1914 sanken mit dem ausbrechenden Krieg die Frequenzen so tief, dass noch im gleichen Jahr der Betrieb in aller Stille eingestellt werden musste. Zum Glück für die Nachwelt jedoch nicht für immer.

1931 nahm eine neu gebildete Gruppe, die heutige «Brienz-Rothorn-Unternehmung», die Bahn nach umfassenden Revisionsarbeiten wieder in Betrieb. Die Lokomotiven und Wagen waren trotz 16jähriger Stillegung noch voll einsatzfähig! Auch die Geleiseanlage war so gut erhalten, dass das Dampfabenteuer ohne grossen Aufwand weitergehen konnte. Um mit der immer stärker werdenden Konkurrenz der inzwischen elektrifizierten Berner Oberland Bergbahnen mithalten zu können, wurden 1935/36 die Lokomotiven 2 bis 5 auf Heissdampf umgebaut, was zu einer bemerkenswerten Leistungssteigerung führte. Die Fahrzeit verringerte sich um ganze 15 Minuten.

Ende der fünfziger Jahre schien der Traum der Dampfromantik trotz aller Anstrengungen vorbei zu sein. Der Zustand der alten Dampflokomotiven mit den Jahrgängen 1891 und 1892 liess für die Zukunft Schlimmes ahnen. Die Generalversammlung vom 21. Juni 1958 veranlasste erneut die Stillegung der BRB.

Doch einmal mehr liess sich der Dampf am Brienzer Rothorn nicht einfach wegblasen. Die Freunde der Bahn schlossen sich zusammen und prüften alle erdenklichen Möglichkeiten, um die Bahn zu retten. Die Lösung hiess Diesellokomotiven. Durch sinnvolles Einsetzen von neuen Dieselzügen konnten die kostbaren Dampflokomotiven geschont und besser unterhalten werden. Das Dampfabenteuer am Brienzer Rothorn konnte weitergeführt werden.

Nervenkitzel senkrecht über dem See
Freiluft-Felsenlift auf dem Bürgenstock

Der 85jährige Hammetschwand-Lift auf dem Bürgenstock ist ein Kuriosum unter den Aufzügen: Als Freiluft-Aufzug lehnt er sich an eine hoch über dem Kreuztrichter des Vierwaldstättersees fast senkrecht aufragende Felswand an. Seine Spitze ragt selbst in trüber Jahreszeit meist über den Nebel hinaus. Lange Zeit war er der höchste Aufzug Europas und gar der schnellste der Welt. Ähnlich sensationell war zu ihrer Zeit die noch heute faszinierende Standseilbahn vom See hinauf auf den Bürgenstock.

Die kühne Idee eines Hoteliers

Es war zweifellos eine kühne Idee, welche der Besitzer der Bürgenstock-Hotels und Bahnunternehmer Franz Joseph Bucher-Durrer (1834 – 1906) anfangs dieses Jahrhunderts in die Tat umsetzte: den Bau eines nicht weniger als 150 Meter hohen Liftes an einer Felswand hoch über dem Vierwaldstättersee. Eigentlich wollte er nur einen Spazierweg auf dem felsigen Nordabhang der Hammetschwand anlegen, um damit dem Wunsch der mondänen Gäste seiner Hotels nach einer schattigen Promenade entgegenzukommen. Dabei soll ihm der Einfall gekommen sein, den Weg mit dem höchsten Punkt der Hammetschwand (1132 m ü. M.), also dem Gipfel des Bürgenstocks, zu verbinden.

Noch heute vermag der im Jahre 1905 erbaute Freiluft-Felsenlift die an vielerlei Nervenkitzel gewöhnten Besucher zu faszinieren. Gewiss hat der Lift durch die verschiedenen Renovationen, die er seit seinem Bau erlebte, einiges von seiner ursprünglichen Romantik verloren. Hatte man sich damals bei einer Geschwindigkeit von einem Meter pro Sekunde noch fast drei Minuten lang am Aufstieg erfreuen können, so dauert die Fahrt heute weniger als eine Minute. Ursprünglich wollte man die Geschwindigkeit bei der ersten Renovation 1935 nur auf 2,3 Meter pro Sekunde erhöhen. Als der Ingenieur Frey-Fürst aber hörte, dass der Lift des Olympiadeturms in Berlin 2,5 Meter pro Sekunde zurücklegen soll, erteilte er der Firma Schindler Anweisung, das Tempo auf 2,7 Meter pro Sekunde zu erhöhen. Damit blieb der Lift für einige weitere Jahre der schnellste der Welt.

Modernste Technik der Jahrhundertwende

Glaubt man der Schweizerischen Bauzeitung, so waren anfänglich offenbar nicht alle Leute begeistert vom Bauwerk der Klotener Firma Löhle & Cie. Der kühne, senkrecht aufsteigende Aufzugsturm, der frei in die

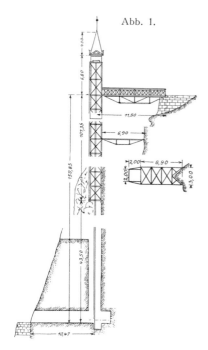

Abb. 1.

Trotz seiner feingliedrigen Konstruktion hat der schlanke Aufzugsturm schon viele Stürme heil überstanden. (Aus: Glasers Annalen, 15.1.1910)

Luft hinausragt, hat auch Kritik auf sich gelenkt. «So begreiflich nun auch die Kritik des Publikums sein mag, so ist doch der Abstand zwischen der grossartigen Natur und dieser verhältnismässig harmlosen, künstlichen Zutat zu gewaltig, als dass solche Verstimmung auf die Dauer anhalten könnte», meinte das Blatt 1905 dazu.

Der umstrittene metallene Gitterturm von 2x2 Meter Grundfläche und einer Höhe von nicht weniger als 118 Metern ist auf einen 44 Meter hohen Felsschacht aufgesetzt. Die ersten 14 Meter dieses Schachtes befinden sich ebenso wie der Maschinenraum vollständig im Innern des Berges, während die folgenden 30 Meter gegen vorne den Blick auf den See freigeben. Der Turm lehnt sich entweder an den Felsen an oder ist — stabilisiert durch Fachwerkverankerungen von 6 bis 11 Meter Länge — freistehend. Ein spitzes Dach bildet den Abschluss der schlank-eleganten Konstruktion.

Die erste Kabine mit einem Grundriss von 1,55 x 1,8 Metern bestand aus Holz, das mit Zinkblech beschlagen war. Sie konnte eine Nutzlast von 600 Kilogramm bzw. 8 Personen aufnehmen und enthielt für die vornehmen Fahrgäste zwei gepolsterte Sitzbänke. Aus Holz (genauer aus Pitchpine-Holz, also nordamerikanischer Pechkiefer) waren übrigens auch die Futter der U-förmigen Führungsschienen. Aus Daubenholz und gusseisernen Seitenschildern bestand die Seiltrommel.

Der elektrische Teil der Anlage wurde von C. Wüst & Cie in Seebach-Zürich geliefert, einer Firma, die später in der Aufzugsfirma Schindler aufging. Der Gleichstrom-Nebenschlussmotor leistete während der Fahrt 15, beim Anfahren gar 25 PS. Die Fahrzeit betrug anfänglich 2 Minuten 50 Sekunden bis 3 Minuten — «je nach Spannung des den Antriebsmotor speisenden Stromes», wie die Schweizerische Bauzeitung bemerkt. «Die Zentrale, die diesen Strom liefert, bedient zugleich die Bürgenstockbahn und die Stanser-

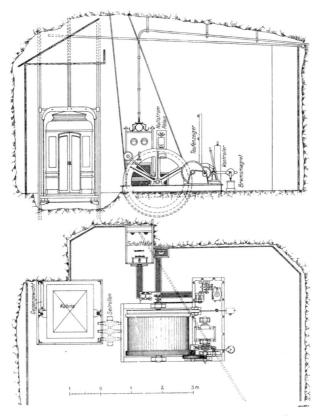

Raum für die Antriebsmaschinen konnten die Konstrukteure nur im Felsinnern finden, Ansicht von der Seite und von oben. (Aus: Schweizerische Bauzeitung, 7.10.1905)

hornbahn, wodurch sich vorkommende Schwankungen in der Stromspannung, die von 1200 Volt bis auf 900 Volt sinken kann, erklären.» Das Kraftwerk steht an der Engelberger Aa zwischen Stans und Buochs und wurde — ebenfalls von Franz Joseph Bucher-Durrer — eigens zum Betrieb der Bürgenstockbahn erbaut.

Eine hundertjährige Standseilbahn

Die am 8. Juli 1888 eingeweihte Bürgenstockbahn war nicht nur die erste elektrisch betriebene Standseilbahn der Schweiz. Sie war auch die erste einspurige Standseilbahn, deren Ausweichstelle in eine Kurve zu liegen kam. Weil das technische Inspektorat des Eisenbahndepartementes die Sicherheit bezweifelte, durfte anfänglich nur bis zur Ausweichstelle gefahren werden, wo die Passagiere umsteigen und die Güter umgeladen werden mussten. Die Bürgenstockbahn war auch die erste Bergbahn mit automatisch wirkender Zangenbremse.

Schon früh hoher Sicherheitsstandard

«Bemerkenswert» sind — laut Glasers Annalen für Gewerbe und Bauwesen — auch bei der Aufzugslage die «grosse Anzahl von Sicherheitsvorrichtungen»: «Bei Überschreitung der normalen Geschwindigkeit löst, wenn diese 70 m in der Minute erreicht, ein Geschwindigkeits-Zentrifugalregulator den Hauptstromschalter aus, worauf der Bremsmagnet stromlos wird und eine Kniehebelbackenbremse die Winde sanft anhält. Steigt die Geschwindigkeit über 80 m, ohne dass der Stillstand wie vorbeschrieben aus irgendwelchen Gründen erfolgt ist, so wirkt ein

Der Bergbahn-König

Franz Joseph Bucher-Durrer, 1834 als Bauernsohn in Kerns geboren, entstammte einem einflussreichen Obwaldner Geschlecht. Nach dem Tod seines Vaters im Jahr 1848 besorgte er vorerst den heimischen Bauernhof. Zusammen mit seinem Freund und Schwager Josef Durrer begann er seine Karriere als Holzbauunternehmer, Holzhändler und Strassenbauer. Bekannt geworden ist er durch die Kette seiner Luxushotels, die er in der Schweiz, Italien und Ägypten errichtete. Eine besondere Spezialität des einfallsreichen Mannes aber waren Bergbahnen und Strassenbahnen, von denen er gleich eine ganze Anzahl erbaute und selber betrieb:

1886: Lugano (Bahnhof — Stadtzentrum)
1888: Bürgenstock
1890: Monte San Salvatore
1892: Genua (Tram Bahnhof — Stadtzentrum)
1893: Stanserhorn
1893: Stansstad — Stans (Strassenbahn)
1897: Mont-Pélerin (Vevey)
1899: Reichenbachfälle (Meiringen)

Der nimmermüde Unternehmer starb 1906 in Kairo, kurz vor der Eröffnung seines neuen Hotels Semiramis am Ufer des Nils.

zweiter Regulator auf die Fangvorrichtung der Kabine und klemmt deren Fangkeile gegen die Holzführung, worauf die Seile schlaff werden und der Schlaffseilausschalter betätigt wird, der ebenfalls den Bremshebel stromlos macht und die Kniehebelbremse auslöst.» Die Klemmen traten auch bei Stromunterbruch sofort in Aktion. Ein Überlaufen der Kabine wurde von einem Teufenanzeiger durch automatisches Ausschalten des Steuerschalters verhindert. Für den Fall des Versagens wurde zusätzlich ein Hörner-Endausschalter installiert. Für einen möglichen Zahnbruch war mit einer Hand-Bandbremse vorgesorgt.

Bei jeder Renovation schneller

1935 wurde die ganze Anlage durch die Aufzugsfirma Schindler aus Ebikon vollständig erneuert. Es wurden jetzt vier Motoren eingebaut: Ein Motor mit 32 PS Dauer- und 96 PS Anlaufleistung diente dem normalen Betrieb, ein zweiter zum Anhalten und genauen Einstellen auf die Haltestellen, und zwei kleinere Motoren besorgten das Bremsen. Die auf 2,7 Meter pro Sekunde erhöhte Geschwindigkeit machte den Hammetschwand-Lift zum höchsten öffentlichen Personenaufzug Europas und zum schnellsten der Welt. Das höhere Tempo verlangte aber auch eine Verstärkung des Turms. Die Holzlattenführungen wurden durch Stahlführungsschienen und die Holzkabine durch eine Leichtmetallkonstruktion

Die Höchsten und Schnellsten

Der höchste öffentliche Personenaufzug der Welt befindet sich heute im Sears Tower in Chicago. Er verbindet 110 Stockwerke über eine Höhe von 443 Meter. Weit höhere — allerdings nicht öffentliche — Aufzüge als der Hammetschwand-Lift existieren heute auch in der Schweiz: im Innern von Staudämmen. Als schnellster Personenaufzug der Welt gilt seit 1978 derjenige des Sunshine-60-Gebäudes in Ikebukuro, Tokio: 10,15 Meter pro Sekunde beträgt seine Geschwindigkeit.

ersetzt. Die Kabine erhielt nun auch ein Telefon.

Beim zweiten Totalumbau von 1959 hat man mit Ausnahme der Führungen und des Rollengerüstes fast alle Teile ausgewechselt. Die Geschwindigkeit wurde mit einem Ward-Leonard-Antrieb weiter auf 4 Meter pro Sekunde gesteigert. 1981 baute man eine Einfahrtskontrolle ein und eneuerte die Sicherheitspuffer.

Literatur:
Schweizerische Bauzeitung, Band 46, Nr. 15, vom 7.10.1905.
Glasers Annalen für Gewerbe und Bauwesen, Nr. 782, vom 15.1.1910.
Schweizerische Bauzeitung, Band 110, Nr. 4, vom 24.7.1937.
Bürgenstock. Gedenkbuch zum 75jährigen Bestehen des Kurortes Bürgenstock. Bearbeitet von F. Odermatt und F. Frey-Fürst. Basel/Engelberg, 1948.
Schweizer Pioniere der Wirtschaft und Technik (F. J. Bucher-Durrer), Nr. 6, 1956.

Terrassenwanderung auf drei Etagen

 Von Luzern nach Stansstad, 20 Minuten (□480)

 Von Stansstad zur Talstation Kehrsiten-Bürgenstock, 1 Stunde

 Von Kehrsiten-Station zum Bürgenstock, 7 Minuten (□1554, Betrieb im Winter eingestellt)

 Von der Bergstation der Bürgenstockbahn zum Felsenlift, 20 Minuten

 Mit dem Felsenlift zur Hammetschwand, 1 Minute

 Von der Hammetschwand zurück zur Bergstation der Bürgenstockbahn, 30 Minuten

 Vom Bürgenstock zur Schiffstation Kehrsiten-Bürgenstock, 7 Minuten (□1554)

 Von Kehrsiten-Bürgenstock nach Luzern, 50 Minuten (□2601, Betrieb im Winter eingestellt) oder nach Brunnen, 2 Stunden (□2600, im Winter keine Bedienung der Haltestelle Kehrsiten-Bürgenstock)

 Bequeme Schuhe

Unseren Ausflug könnte man als Terrassenwanderung auf drei Etagen bezeichnen. Er beginnt mit einer Zug- oder Schiffahrt von Luzern nach Stansstad, wo Autobahn, Kantonsstrasse und Eisenbahn die See-Enge zwischen Alpnachersee und dem übrigen Vierwaldstättersee überqueren. Wer Glück hat, kann hier beobachten, wie sich ein Kursschiff von oder nach Alpnachstad unter der Brücke durchzwängt.

Unser Spaziergang führt aber in der entgegengesetzten Richtung auf einem schmalen Strässchen zwischen See und Felsen bis nach Kehrsiten. Dort erreichen wir nach einer kleinen Anhöhe unser erstes Ziel, die Talstation Kehrsiten-Bürgenstock. Von hier bringt uns die Standseilbahn in wenigen Minuten in einem grossen Bogen und immer steiler ansteigend hinauf zur Hotelanlage Bürgenstock auf 874 m ü. M.

Die Nobel-Absteigen Grand Hotel, Park Hotel und Palace Hotel entstanden nacheinander in den Jahren 1873, 1888 und 1904. Unzählige Grafen und Königinnen, Politiker und hohe Militärs, Industrielle, Künstler und Schriftsteller aus Europa und Übersee vergnügten sich hier schon beim Golfspiel, Promenieren und Dinieren. Der Bürgenstock wird oft auch als Konferenz- und Tagungsort benützt. Die angenehme Atmosphäre soll sich besonders positiv auf die Ergebnisse auswirken — «weil sich Konferenzteilnehmer in kleineren Kurorten mittags und abends nach den Sitzungen wieder zusammenfinden und allfällige Ge-

gensätze in persönlichen Besprechungen ausgleichen können», meinten 1948 die Verfasser des Bürgenstock-Jubiläumsbuches.

Falls den bescheidenen Spaziergänger bereits den Hunger plagen sollte, so findet auch er ein passendes Restaurant.

Panoramaweg über dem Abgrund

Der Felsenweg, der von den Hotels entlang steiler Abgründe zum Fuss des Liftes führt, ist ein Erlebnis für sich! Bis 7 Meter hoch sind die stützenden Trockenmauern aufgebaut. Dem Spaziergänger bieten sich immer wieder neue, schwindelerregende Aussichten auf den Vierwaldstättersee, die Stadt Luzern und den gegenüberliegenden Rigi. Der gleichmässig leicht ansteigende Pfad soll «von grossen ärztlichen Autoritäten als sehr günstiger Spazierweg für Herzkranke bezeichnet» worden sein, lesen wir in der erwähnten Jubiläumsschrift.

Im Abschnitt östlich des Lifts wird der Weg streckenweise über eine am senkrechten Fels abgestützte Eisenkonstruktion geführt. Um die notwendigen Löcher in den Fels zu bohren, mussten die Arbeiter zeitweise an Seilen aufgehängt arbeiten. Im Jahre 1977 wurde dieser Teil leider durch einen Felssturz stark beschädigt und musste gesperrt werden. Auf das Jahr 1991 wurde er aber wiederhergestellt, und damit ist die Rundwanderung um den Gipfel zur Honegg wieder möglich.

Von der Hammetschwand aus eröffnet sich dem Besucher ein unvergleichliches Panorama. (Foto: Bürgenstock-Hotels).

Auf dem Felsenweg befinden wir uns übrigens auf Boden der Stadt Luzern. Genau genommen heisst nur dieser felsige Nord-Teil der Halbinsel Bürgenstock. Der von Nidwalden aus sichtbare, viel weniger steile Teil wird Bürgenberg genannt, der höchste Teil davon Hammetschwand.

Im Blitztempo hinauf und gemächlich zurück

Im Nu hievt uns der Felsenlift auf den Gipfel der Hammetschwand, wo sich uns die Sicht nach Süden gegen die Alpen zu öffnet. Auch hier ist ein Restaurant zu finden. Es wurde aus Steinen erbaut, die beim Bau der für den Aufzug nötigen Maschinenka-
verne aus dem Fels ausgebrochen worden waren.

Der dritte Teil unserer Terrassenwanderung führt uns auf der Südflanke der Hammetschwand auf einem etwas weniger guten, aber gefahrlosen Weg über Alpweiden und durch Wald wieder hinunter zu den Bürgenstock-Hotels. Wer weiter Lust zum Wandern hat, findet genügend gut markierte Wege hinunter nach Stansstad, Ennetbürgen oder Kehrsiten. Die andern erreichen mit der Standseilbahn bequem die Schiffstation, von wo Schiffe nach Luzern, Alpnachstad und Richtung Brunnen fahren. In Stansstad und Ennetbürgen erwarten erhitzte Wanderer übrigens herrlich erfrischende Strandbäder.

Bergauf und bergab, um Kurven oder geradeaus, als Transportmittel von Mensch, Tier und Material — dem Einsatz von Luftseilbahnen sind kaum Grenzen gesetzt. Vorerst wurden Seilbahnen nur für den Transport von Gütern benutzt, bis ihnen durch die allenthalben gebauten Erschliessungsstrassen Konkurrenz erwuchs. Heute werden die zu den umweltfreundlichsten Transportmöglichkeiten zählenden Luftseilbahnen vermehrt im touristischen Bereich oder allenfalls zur Erschliessung von Bergtälern eingesetzt. Das 1957 zu diesem Zweck in Betrieb genommene «Unikum» auf die Strela-Alp ist heute noch mit den damals konstruierten Giovanola-Klemmen ausgerüstet — eine der ältesten und bewährtesten Errungenschaften in der Seilbahntechnik.

Zwei Seile oder eines?

Zu den Pionieren der Seilbahntechnik gehörte der aus Deutschland stammende Freiherr von Dücker, der 1861

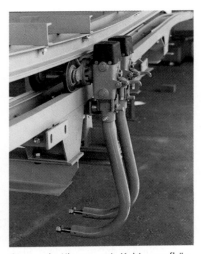

Giovanola-Klemme mit Kabinenaufhängung, die auf Wunsch noch hergestellt wird (Foto: Städeli-Lift AG, Oetwil)

das Zweiseil-Umlaufbahn-Prinzip (Tragseil und Zugseil) verwirklichte. Es folgte 1867 die Konstruktion der Einseil-Umlauf-Bahn (Trag- und Zugseil sind dasselbe), die einer Idee des Engländers Hodgson entstammte. Das war auch der Grund, weshalb die Fachwelt lange Zeit von deutscher und englischer Bauart sprach. In der Folge wurden diese beiden Seilbahntypen nicht mehr wesentlich verändert; das Grundsystem war geboren. Schrittweise Verbesserungen von sämtlichen Anlageelementen folgten dann parallel zur stetigen Entwicklung der Technik.

Sicherheit: Auf die Klemmen kommt's an

Im Umlaufbetrieb verkehren meist eine grössere Anzahl von Gondeln oder Sesseln auf einer Fahrbahn stets in derselben Richtung hintereinander. Die Fahrzeuge werden in den Endsta-

Inmitten einer atemberaubenden Alpenwelt gondeln die an Ostereier erinnernden Kabinen von der Schatzalp auf die Strela-Alp. (Foto: D. Furter, Davos)

tionen gewendet und kehren auf dem Parallelseil an den Ausgangspunkt zurück. Dabei werden an die Klemmen, das Herzstück jeder Seilbahn, hohe Sicherheitsanforderungen gestellt. Grundsätzlich wird zwischen festen Seilklemmen und kuppelbaren Klemmen unterschieden. Feste Klemmen werden meist dort eingesetzt, wo das Ein- und Aussteigen nicht mit grossem Zeitaufwand verbunden ist. Ansonsten werden abkuppelbare Klemmen verwendet. Die notwendige Klemmkraft entsteht durch das Eigengewicht eines Fahrzeuges oder mittels Federklemmen. Aufgrund der heutigen Sicherheitsbestimmungen dürfte das Federklemmsystem langfristig das andere verdrängen.

Gondelbahn Schatzalp — Strela

Die 1957 erbaute Gondelbahn Schatzalp — Strela in Davos ist nicht nur durch die äussere Erscheinung der Gondeln ein Unikum. Sie gehört noch zu jenen seltenen Bahnen, deren Gondeln sich durch das Eigengewicht am Seil festklemmen. Durch das Gewicht von Gütern oder Passagieren wird die Gondel nach unten gedrückt. Dabei keilt sich die Klemme ins Seil ein und kann sich durch einen Arretiermechanismus daran festhalten. Wird die Gondel von der Last befreit, löst sich automatisch die Klemme wieder vom Seil.

Im Jahr 1888 eröffnete Joseph Giovanola in Monthey eine bescheidene Schmiedewerkstätte. Das Unternehmen entwickelte sich seit Beginn des Jahrhunderts weiter und stellte in den fünfziger Jahren eine Seilbahnklemme her, die bis heute unter dem Firmennamen in der Fachwelt ein Begriff ist. Die sonst auf den Druckleitungsbau spezialisierte Firma produzierte diese Klemme noch bis in die siebziger Jahre. 1974 wurde das Herstellungsrecht an die Firma Habegger in Thun verkauft, die sich 1983 mit der Von Roll AG, Thun, zusammenschloss: Auf Wunsch wird die Giovanola-Klemme auch heute noch von dieser Firma hergestellt.

Ein Sonnenbad auf der Kurterrasse Schatzalp

 Von Landquart über Klosters nach Davos Platz, ca. 1 Stunde 15 Minuten (□910)

 Von Davos Platz zur Schatzalp, 5 Minuten (□1872)

 Von der Schatzalp zum Strelapass, 10 Minuten (□1873). (Von ca. Mitte Oktober bis Mitte Dezember und von Anfang April bis Ende Juni ist der Betrieb eingestellt.)

 Von der Bergstation Strelapass zur Zwischenstation Schatzalp, ca. 1 Stunde

 Von Davos Platz nach Filisur, 30 Minuten (□910)
Von Filisur nach Chur, 1 Stunde (□940)

Umgeben von steil aufragenden Bergen, geniessen wir die Fahrt von Landquart nach Davos Platz. Anschliessend fahren wir mit der Standseilbahn auf die Schatzalp und von dort mit der Gondelbahn noch weiter in die Höhe, auf den Strelapass. Eine atemberaubende Alpenwelt liegt uns an diesem Aussichtspunkt zu Füssen.

Über einen gut begehbaren Wanderweg erreichen wir in einer Stunde wieder die Schatzalp. Hier liegt einer der schönsten Alpengärten der Schweiz, der auf gepflegten Fuss-wegen bequem erreichbar ist. Auf einer Fläche von zwei Hektar finden sich die über 800 Alpenpflanzenarten und die schönsten Alpenblumen.

Von der Station Schatzalp führt eine Schlittelbahn ins Tal hinunter — im Sommer auf Rädern und im Winter auf Kufen, für jung und alt ein Erlebnis. Die Schlitten können an der Bergstation gemietet werden.

Wieder in Davos, nehmen wir die Bahn in Richtung Filisur nach Chur und beenden mit dieser Rundfahrt unseren Ausflug.

Ein Paradies für Blumenfreunde: das Alpinum Schatzalp (Foto: D. Furter, Davos)

Umweltfreundlich über steile Felswände
Seilbahnen mit Wasser- und Handantrieb

Hochgelegene Gehöfte oder Alpweiden sind meist nur über steile, schwer begehbare Wege zu erreichen. Weil die Erstellung von guten Wegen, vor allem früher, nicht möglich oder unwirtschaftlich war, wurden abgelegene Alpen oft mit privaten Transportseilbahnen versorgt. Ein überaus umweltfreundliches und gleichzeitig wirtschaftliches Beispiel dafür ist die alte Pendelluftseilbahn, die mit Wasserübergewichts- und Handantrieb funktionierte.

Mit dem Wasserkanister auf Talfahrt

Die einfache Konstruktion von Seilbahnen mit Wasserübergewichts- und Handantrieb ermöglichte es, solche Anlagen beinahe in jedem Gelände zu installieren. Die Talstation bestand aus einem Abspanngerüst bzw. aus einem grossen Stahlrad, über das die beiden 10 Millimeter dicken Spiral-Tragseile geführt wurden. Durch Bodenanker wurde das gesamte Gerüst festgehalten. Das 6 Millimeter dicke, umlaufende Zugseil wurde über ein Umlenkrad geleitet, das mit einem Handantrieb mittels Kegelzahnrädern betätigt werden konnte. Diese von Hand an-

Bis 1980 fuhr diese Pendelluftseilbahn mit Wasserübergewichts- und Handantrieb auf die Fürenalp, Kanton Obwalden. (Foto: Verkehrshaus, Luzern)

getriebene Seilbahn wurde meist an eher flachen Hängen zum Transport von landwirtschaftlichen Gütern eingesetzt.

Um Güter über steile Felswände zu transportieren, genügten solche Seilbahnen jedoch nicht. Deshalb wurden Wasserkanister auf die «Barellen» (Transportplattformen) gestellt. Um ein Gegengewicht zur «Barelle» im Tal zu gewinnen, wurde der Kanister auf dem Berg mit Wasser gefüllt und brachte so das Gefährt ins Rollen. Der Handantrieb war nur noch zur Überwindung von Gegensteigungen oder Stellen mit kleinem Gefälle nötig.

Mit dieser Seilbahn konnten auch Personen befördert werden. Zur Sicherheit der «Barellen»-Passagiere war am Laufwerk mit den beiden Tragrollen eine handbedienbare Fangbremse montiert, die im Bedarfsfall betätigt werden konnte. Üblicherweise wurde jedoch die auf das Umlenkrad wirkende Bremse mit Holzklötzen, die sich in der Bergstation befand, eingesetzt. An der Talstation wurde der Wasserkanister durch einen Mechanismus automatisch geöffnet, so dass das Wasser abfliessen konnte. Dies ist auf dem Bild rechts unten deutlich zu erkennen.

Ein Stück auf dem Weg zum Gotthard

 Von Luzern oder Zürich nach Altdorf, ca. 1 Stunde (□600)

 Von Altdorf nach Attinghausen, ca. 10 Minuten (□600.35)

 Von Attinghausen über den Höhenweg nach Erstfeld, ca. 2 Stunden

 Von Erstfeld nach Luzern oder Zürich, ca. 1 Stunde 15 Minuten (□600)

Vom Sitz der Freiherren von Attinghausen, die an der Gründung der Eidgenossenschaft massgebend beteiligt waren, steht nur noch die Ruine. (Foto: Othmar Bertolosi, Altdorf)

In abgelegenen Bergtälern kann man gelegentlich noch heute Pendelluftseilbahnen, die mit Wasserübergewicht angetrieben werden, sehen. Die meisten von ihnen sind allerdings aus Sicherheitsgründen nicht mehr in Betrieb.

Per Bahn fahren wir nach Altdorf, von wo wir den Bus Richtung Attinghausen nehmen. Bei der Post steigen wir aus und durchqueren vorerst das Dorf, wo einst die Burg der Freiherren von Attinghausen stand. Obwohl zur Ruine verkommen, lohnt sich ein Besuch trotzdem. Beim Gasthaus Krone zweigen wir links zum Höhenweg Attinghausen — Erstfeld ab und wandern auf wohltuendem Wiesenpfad über den schmalen Landstreifen zwischen dem Talhang und der Reuss. Ein in die Felswand gehauener Weg führt uns nach dem kleinen Weiler Ripshusen. Hier sind noch einige prachtvolle, alte Urnerhäuser anzutreffen. Nach der Autobahnauffahrt wandern wir weiter reussaufwärts der Strasse entlang, bis wir nach ca. 500 Metern zu einem alten Urner Bauernhaus kommen, das inmitten einer Wiese steht. Am Rand der Wiese, unterhalb des Hauses, befindet sich noch ein verrostetes, altes Exemplar einer mit Wasser angetriebenen Seilbahn. Sie transportierte früher Waren und Leute der Bauernfamilie zum Weiler «Hell Ämmetten». Heute ist der Weiler nur noch über die Strasse durch das Erstfelder Tal zu erreichen.

Nach der Autobahnunterführung gelangen wir auf der Strasse direkt ins Eisenbahnerdorf Erstfeld, wo unsere gemütliche Nachmittagswanderung endet.

Das dickste Seilbahn-Seil der Schweiz
Die Grotzenbühlbahn in Braunwald

Das Schaudern, das die ersten Benützer der abenteuerlichen Schwebebahnen zu Anfang dieses Jahrhunderts erfasst haben mag, wenn sie in einer einfachen Kiste an einem dünnen Drahtseil über Baumwipfeln und Schluchten hingen, ist schon längst dem Vertrauen in die bewährte Technik gewichen. Solange kein Unfall passiert, denkt meist niemand an die schweren Stahlseile, an denen allein in der Schweiz nahezu 700 Pendel-, Gondel- und Sesselbahnen sicher hängen. Im autofreien Ferienort Braunwald steht die erste Gruppenumlaufbahn der Schweiz: Das dickste je in unserem Land verwendete Drahtseil befördert die Kabinen gruppenweise auf das Grotzenbühl.

Vom Hanfseil zum Drahtseil

Ohne Seile keine Seilbahn, das ist sozusagen die Grundvoraussetzung aller seilbahnähnlichen Anlagen. Die ersten, denen die Herstellung von Seilen aus Hanf oder rohen Hautstreifen gelang, waren die Inder, Chinesen und Japaner. Die Vorläufer unserer Luftseilbahnen, die in Europa zunächst für den Transport von Kriegsmaterial und für den Bau von Befestigungsanlagen und Kirchen dienten, benutzten noch Hanfseile. Die erste Erwähnung einer Einseilbahn (Trag- und Zugseil sind identisch) findet sich 1411 im «Feuerwerksbuch» von Johann Hartlieb. Marianus Jacobus Taccola erwähnte um 1440 eine Seilbahn mit Trag- und Zugseil. Und 1617 skizzierte Faustus Verantius eine Art Standseilbahn für die Personenbeförderung mit Fahrbahn und Zugseil.

Das Drahtseil wurde — obschon bereits im 14. Jahrhundert erfunden — erst 1843 das erstemal für eine Seilbahn eingesetzt. Im Ersten Weltkrieg sollen die Armeen insgesamt 4200 Kilometer Feldseilbahnen für Materialtransporte in Betrieb gehabt haben. Mit der Kohlernbahn in Bozen und dem Wetterhornaufzug in Grindelwald gelang 1908 der Luftseilbahn der Durchbruch als Personenbeförderungsmittel. Das Drahtseil hatte das Vertrauen der Öffentlichkeit erobert.

Seil ist nicht gleich Seil

Formt man alten, kristallinen Schnee zu einem Ball, so wird der Schnee verfestigt. Drückt man den Ball immer mehr zusammen, so zerfällt er plötzlich. Ähnliches passiert mit dem Draht beim Ziehen: Plötzlich reisst er. Schon der einzelne Draht in einem Drahtseil muss bezüglich chemischer Zusammensetzung, Reinheit der Oberfläche und Gleichmässigkeit des Durchmessers grossen Anforderungen genügen.

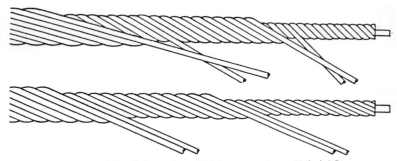

Normalverseilung und Parallelverseilung (Zeichnungen: Brugg Kabel AG)

Durch Verseilung von mehreren dünnen Drähten zu Litzen und nochmalige Verseilung der Litzen zu ganzen Seilen wird eine hohe Flexibilität und Zugfestigkeit erreicht. Um spätere innere Reibungen zu vermeiden, muss die Verseilung sorgfältig und gleichmässig erfolgen. Und das auch, wenn bis zu 8 Kilometer lange und mehrere Zentimeter dicke Seile mit einem Gewicht von bis zu 12 Kilogramm pro Meter aus hundert und mehr Drähten hergestellt werden müssen. Dafür sorgen die riesigen Verseilmaschinen, wie sie zum Beispiel bei der Brugg Kabel AG, der grössten Drahtseilherstellerin der Schweiz, stehen, die auch das Seil der Gruppenumlaufbahn Grotzenbühl geliefert hat. Rund 2,5 Kilometer lang ist das Seil der längeren Sektion der Grotzenbühlbahn, 58 Millimeter dick und rund 30 Tonnen schwer.

Seil ist nicht gleich Seil: Das einfache, klassische Seil besteht aus sechs Litzen zu je sieben Drähten, die um eine Faserstoffeinlage, die sogenannte «Seele», herumgewickelt werden. Für Seile, die mehr als 20 Millimeter dick werden sollen, werden die Litzen aus einer grösseren

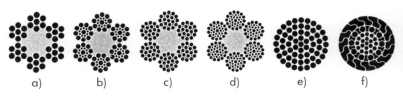

a)   b)   c)   d)   e)   f)

So sehen Drahtseile im Querschnitt aus: a) einfaches, klassisches 6-Litzen-Seil mit Faserstoffeinlage (bis 20 mm Durchmesser), b) Seale-Konstruktion (20-40 mm Durchmesser), c) Filler-Konstruktion (mehr als 40 mm Durchmesser), d) Warrington-Seale-Konstruktion (mehr als 40 mm Durchmesser), e) einfaches Spiralseil, f) verschlossene Konstruktion mit T- und Z-Drähten. (Zeichnungen: Brugg Kabel AG)

Bergstation der Grotzenbühlbahn in Braunwald: fahrbarer Spannperron mit Antrieb
(Foto: Matth. Streiff AG, Schwanden)

Anzahl von verschieden dicken Drähten aufgebaut. Für Tragseile sind in der Schweiz sogenannt verschlossene Seile vorgeschrieben. Die Drähte ihrer äusseren Schichten sind nicht rund, sondern T- oder häufiger Z-förmig.

Die «Seelen» bestanden früher aus Hanf, Eisen oder Stahl, heute

wird, vor allem aus Gründen der Alterung, immer mehr Kunststoff (Polypropylen) verwendet.

Nicht unwesentlich für die Lebensdauer eines Seiles (8–15 Jahre für das Seil einer Gondelbahn, 10–20 Jahre für das Zugseil und 20–30 Jahre für das Tragseil einer Pendelbahn) ist die Schmierung: Im Litzeninnern soll möglichst viel, an der Seiloberfläche möglichst wenig Fett vorhanden sein. Jedes Seil muss im Betrieb nachgefettet werden.

Wie das Seil auf den Berg kommt

Wie transportiert man ein unter Umständen Dutzende von Tonnen schweres und mehrere Kilometer langes Seil, das für Personenbahnen

---

Zahlen zur Grotzenbühlbahn

max. Steigung: 55 Prozent
Seildurchmesser: 58 mm
Durchmesser der Seilrollen: 50 cm
Durchmesser der Antriebsräder: 5,6 m
Antriebsleistung (Gleichstrom): 280 bzw. 430 kW
Kosten: 10 Mio Franken
Hersteller: M. Streiff, Schwanden

---

nicht in Teile zerlegt werden darf, vom Werk zum Berg? Meist erfolgt der Transport per Bahn. Wo dies nicht möglich ist, müssen die Rollen in spektakulären Aktionen auf einem Spezial-Lastwagen oder einem Lastwagen-Konvoi transportiert werden. Für den Weitertransport bis zum Berggipfel mussten früher Dutzende von Trägern die Last auf ihrem Rücken schleppen. Heute werden leichtere Seile von Hubschraubern an ihren Bestimmungsort gebracht, oder die Seile werden an vorher verlegten leichteren Seilen hinaufgezogen. Im Fall Grotzenbühl musste das Seil mangels Strasse und wegen des enormen Gewichts von Linthal nach Braunwald durch den Wald geschleppt werden. An Ort und Stelle wurden die beiden Enden zu einem Endlos-Seil verbunden, gespleisst, wie die Fachleute sagen — eine heikle Operation, dürfen dabei doch nicht die geringsten Verdickungen entstehen!

Kontrolle muss sein

Die periodische Sicherheitsprüfung von Drahtseilen erfolgt mit einer magnetinduktiven Methode. In einer um das Seil gelegten Drahtspule wird durch Strom ein Magnetfeld erzeugt, dessen Linien immer parallel verlaufen. Weist das durchlaufende Seil irgendeine Unebenheit auf, so verändert sich das Magnetfeld, was durch einen Linienschreiber festgehalten wird.

GAST: Gemeinschaft autofreier Schweizer Tourismusorte

«Vielleicht haben wir früher den Zug in die Zukunft verpasst. Heute sind wir froh, dass wir nur ein Bähnli in die Zukunft haben. Braunwald ist autofrei und wird es bleiben.» So wirbt der Ferienort Braunwald, der nur zu Fuss oder von Linthal aus mittels einer Standseilbahn erreicht werden kann. Das Markenzeichen «autofrei» teilt er mit acht weiteren schweizerischen Tourismusorten: Bettmeralp, Mürren, Riederalp, Rigi-Kaltbad, Saas-Fee, Stoos, Wengen und Zermatt. Die Statuten ihrer Vereinigung, GAST, verlangen, dass ausser für landwirtschaftliche Fahrten, Notfalldienste, Kehrrichttransporte, Spezialtransporte und Schneeräumung keine privaten Motorfahrzeuge im Ort verkehren dürfen, es sei denn, sie seien elektrisch betrieben. Gewisse tägliche oder saisonale Ausnahmen sind allerdings auch hier zugelassen. Die GAST hat sich zum Ziel gesetzt, «eine Tourismusform unter grösstmöglichem Verzicht auf umweltbelastende Faktoren in den Bereichen Fahrzeuge und Transportwesen» zu ermöglichen.

Wie wichtig Präzision und richtige Berechnung für das Funkionieren einer Bahn sind, schilderte Reinhold Bolliger von der Kabelfabrik Brugg, ein Drahtseil-Spezialist, einmal

Vor 50 Jahren: Eine Seilbahn zum Gehen

«Der Skilift von Trübsee auf den Jochpass hat seine Winterbügel wie ihre Benützer ihre Latten, eingesömmert. Aus ihm ist die erste Luftkabelbahn, Gehlift und Sesselbahn des Kontinents geworden.

So berichtete eine begeisterte «Sie & Er» am 25. August 1944 über die neueste Errungenschaft der «unentwegten Bemühungen schweizerischen Schaffensgeistes». «Aber noch ist die vielseitige Verwendungsmöglichkeit des sich unaufhaltsam um die zwei riesigen Räder der Berg- und der Talstation drehenden Drahtseils nicht erschöpft. Im Azurblau des Alpen-

An Stelle der Skifahrer pendeln Fussgänger, von Gehbügeln ‹geschoben›, bergwärts, als wären sie auf ebener Strasse. Auf luftiger Fahrt schweben ‹Passagiere II. Klasse› in bequemen Gartensesseln, die sie auf Trübsee mit leiser Skepsis bestiegen haben, über die von Alpenrosen leuchtenden, steilen Hänge.»

himmels tauchen plötzlich zwei silbern glänzende, elegante Leichtmetallkabinen mit einer Last von je vier fröhlichen Menschen auf: diese fahren auf die befreiende Höhe des Jochpasses, jene hinab ins liebliche Tal des Trübsees.»

seinen Zuhörern anlässlich einer Fachtagung: «Beim Seilwechsel infolge Erreichen der Ablegekriterien hatte ich einst die ‹glänzende› Idee, ein dünneres, leichteres Förderseil einbauen zu lassen. Das böse Erwachen des Kunden nach der kleinen Einsparung kam bald. Mit dem Litzenseil entstanden in der Talstation so starke Vibrationen, dass es eine Zumutung war, im angebauten Haus zu wohnen. Alle erdenklichen Korrekturen halfen nichts. Erst als wir das Seil gegen ein solches von einem Millimeter mehr Durchmesser austauschten, verschwanden die Vibrationen gänzlich.»

Wird ein Seil warm, so dehnt es sich aus, nimmt die Temperatur ab, zieht es sich zusammen. Bei der Grotzenbühlbahn wird die Länge durch Verschiebung des Seilrades in der Antriebsstation konstant gehalten. Dabei wird die ganze Antriebskabine samt Kommandoraum und Perronplattform gleich mitverschoben. Die Antriebskabine ist übrigens rundum verglast, so dass interessierte Fahrgäste die modernen elektrischen, mechanischen und hydraulischen Einrichtungen betrachten können.

Grotzenbühlbahn:
Gondeln gruppenweise

Bei Pendelbahnen fahren die zwei Kabinen — gezogen von einem umlaufenden Zugseil — auf je separaten Tragseilen hin und zurück. Die Gondeln oder Sessel von Umlaufbahnen hingegen werden in den Endstationen gewendet. Sie sind nicht fix am Förderseil (welches gleichzeitig Zug- und Tragseil ist) befestigt, sondern können in den Stationen vom rundum laufenden Seil abgekoppelt bzw. mit Klemmen wieder ans Seil angehängt werden. Waren die Gondeln von Umlaufbahnen bis vor wenigen Jahren für jeweils bloss zwei bis vier Personen konzipiert, so bieten sie heute bereits einem Dutzend oder mehr Passagieren Platz. Die Grotzenbühlbahn in Braunwald wurde von Anfang an auf zukünftige Kabinengruppen von 5 mal 15 Personen ausgelegt.

Die Gruppenumlaufbahn verbindet die Vorteile der Umlaufbahn mit denen der Pendelbahnen. Es ist nur ein Seil notwendig, und je nach Bedarf können mehr oder weniger Kabinen ans Seil gehängt werden. Wie bei Pendelbahnen ist aber ein fahrplanmässiger Betrieb möglich. Auf den beiden Sektionen der Grotzenbühlbahn verkehren jeweils zwei, drei oder vier Kabinen in Gruppen direkt hintereinander. In schwach ausgelasteten Zeiten können beide Sektionen von einer einzigen Person von der Mittelstation aus betrieben werden. Grundsätzlich ist bei Gruppenumlaufbahnen auch ein vollautomatischer Betrieb denkbar.

Vom Grotzenbüel zum Oberblegisee

 Von Ziegelbrücke nach Linthal Braunwaldbahn, 43 Minuten (□735)

 Von Linthal Braunwaldbahn nach Braunwald,
10 Minuten (□1840)

 Von Braunwald-Station zur Talstation der
Grotzenbühlbahn, 10 Minuten

 Von Niederschlacht zum Grotzenbühl,
ca. 10 Minuten (□1843)

 Von Grotzenbühl via Unterstafel — Altstafel —
Mittler Stafel (Restaurant) — Oberblegisee
zum Brunnenberg, ca. 3 Stunden

 Vom Brunnenberg nach Luchsingen, 5 Minuten
(Auskunft über Tel. 058/84 33 85 oder 61 23 21)

 Von der Seilbahnstation zum Bahnhof Luchsingen-Hätzingen, ca. 10 Minuten

 Von Luchsingen-Hätzingen nach Ziegelbrücke,
35 Minuten (□735)

 Im Winter bestehen vom Grotzenbühl zwei
Schlittelwege zurück nach Braunwald.

Die Braunwaldbahn bringt uns mit einer Geschwindigkeit von 3,5 Metern pro Sekunde direkt von der SBB-Station hinauf auf die Sonnenterrasse über dem Tal der Linth. Die Fahrt mit der 1907 eröffneten Standseilbahn dauert nur 10 Minuten. Auf ca. 1000 m ü. M. durchschneidet die Bahn in einem Tunnel das Felsband, das Braunwald vom Tal trennt. Oben angekommen, finden wir, den Wegweisern folgend, leicht die Talstation der zweiteiligen Grotzenbühlbahn. In einer der eleganten neuen Kabinen schweben wir alsdann der Bergstation auf 1550 m ü. M. entgegen.

Wer von Seilbahnen noch nicht genug hat, hat die Möglichkeit, mit zwei weiteren Bahnen über den Seblengrat nach Bächital zu fahren und die Wanderung erst dort zu beginnen. Wer besser zu Fuss ist, folgt dem fast ebenen Wanderweg via Unterstafel und Altstafel zur Mittler Stafel. Hier kann man sich im Berggasthaus verpflegen. Einen Kilometer weiter ladet der Oberblegisee zum Verweilen ein. In seinem tiefen Blau spiegeln sich vor dem Hintergrund einer steilen Felswand der blaue Himmel und die Wolken.

Sind wir bisher fast ebenaus gegangen, so beginnt nun der eigentliche Abstieg zur Bergstation (1000 m ü. M.) der Brunnenberg-Seilbahn. Von der Talstation sind es dann noch rund 500 Meter bis zum SBB-Bahnhof Luchsingen-Hätzingen.

Grotzenbühlbahn Braunwald, Mittelstation Hüttenberg: Rollenbatterien halten das Seil in tiefer Position fest. (Foto: Matth. Streiff AG, Schwanden)

Keine Spur der SBB in Appenzell
Die Rollböcke bei den Appenzeller Bahnen

Die geographische Lage des Kantons Appenzell hat es mit sich gebracht, dass auf Appenzeller Boden weder SBB-Strecken noch Autobahnen zu finden sind. Das durch verschiedene Privatbahnen verlegte Schienennetz durch die beiden Halbkantone weist die unterschiedlichsten Spurbreiten auf. Für Reisende aus dem Appenzellerland versteht es sich von selbst, dass in Gossau oder St. Gallen umgestiegen werden muss. Bezüglich des Gütertransports ist dies um etliches komplizierter und aufwendiger. Um das Umladen der Güter beim Wechsel von einer Spurweite zur andern zu vermeiden, setzen die Appenzeller Bahnen seit 1978 sogenannte Rollböcke ein. Auf unserem Ausflug ins malerische Appenzellerland können wir das Aufbocken der SBB-Wagen verfolgen.

Verpasster Anschluss — oder doch nicht ganz?

In den fünfziger Jahren des letzten Jahrhunderts verpasste das Appenzellerland den Anschluss ans schweizerische Eisenbahnnetz. Schon damals waren die Nachteile dieses Abseitsliegens in manchen Bereichen spürbar. Nach langen Auseinandersetzungen fanden die Appenzeller dann in der in Basel gegründeten «Schweizerischen Gesellschaft für Localbahnen» doch noch einen Partner, um eine Schmalspurbahn von St. Gallen-Winkeln über Herisau und Urnäsch nach Appenzell zu erstellen. Doch schon vor der Eröffnung des Anschlusses von Appenzell stand die SLB aus finanziellen Gründen am Rand der Liquidation. In jener Zeit des Existenzkampfes wurde das Unternehmen durch Appenzeller Kreise übernommen und in «Appenzeller-Bahn-Gesellschaft» umbenannt. Mit der Neubaustrecke Herisau–Gossau 1913 wurde der langersehnte Anschluss an die Schnellzüge der schweizerischen West-Ost-Transversale verwirklicht.

Der Gütertransport war allerdings noch bis Anfang der siebziger Jahre mit enormem Aufwand verbunden. Die Güter mussten mit Muskelkraft in schmalspurige Güterwagen umgeladen werden, was zeitlich wie personell für das Unternehmen kaum noch tragbar war. Dank der Einführung des Rollbockbetriebes für den Transport normalspuriger Wagen konnte die Appenzeller Bahn auch im Güterverkehr ihre Konkurrenzfähigkeit wesentlich verbessern.

Auf Rollböcken von der Normalspur auf die Schmalspur

In europäischen Ländern weisen die Eisenbahnnetze die verschiedensten

Spurbreiten auf, oft sogar innerhalb der Grenzen eines Landes selbst. In der Schweiz zum Beispiel, die über eines der dichtesten Eisenbahnnetze der Welt verfügt, sind neben ca. 3640 Kilometern Normalspurgeleise ca. 1384 Kilometer Schmalspurgeleise verlegt. Gegenden, die ihre Güter über solche Eisenbahnnetze weitertransportieren müssen, sind dadurch stark behindert und im öffentlichen Güterverkehr kaum konkurrenzfähig. Der Umlad schwerer Güter in den Bahnhöfen war bis zur Erfindung der Rollböcke ein aufwendiges und mühsames Unterfangen. Mehrere Schmalspurbahnen haben daher bereits vor Ende des 19. Jahrhunderts — zur Umgehung von Umladeoperationen — Rollböcke oder Rollschemel angeschafft.

Der Rollbock ist nichts anderes als ein kleines, zweiachsiges Schmal

spur-Drehgestell mit einem Querbalken in der Mitte, welcher auf jeder Seite über den Rahmen hinausragt. Beide Enden dieses Querbalkens weisen zur Aufnahme von Normalspurrädern geeignete Radtaschen auf. Auf diese Weise wird die Last jedes Normalspur-Radsatzes von je zwei Radsätzen des Rollbocks übernommen.

Das Aufrollen

Das Auf- und Abladen eines Wagens vom Normalspurgeleise auf dasjenige mit Schmalspur dauert heute nur noch zwei bis drei Minuten. Mit einer Geschwindigkeit von ca. 2 km/h werden die Wagengruppen auf die Rollböcke verladen. In einer leicht abfallenden Normalspur-Rampe sind horizontal und etwas tiefer die

Die Güterwagen mit Normalspurbreite werden auf Rollböcke aufgebockt und auf schmalspurigen Geleisen weiter transportiert (Foto: E. Grubenmann, Appenzell)

Schmalspurgeleise, auf denen die Rollböcke stehen, verlegt. Auf diese Weise werden die gekoppelten Wagen auf der Normalspur über die Rollböcke mit Schmalspur geführt.

Ein mechanisches Hebelsystem hält die Rollböcke zurück. Die Mitnehmerhebel dieser zurückgehaltenen Rollböcke lassen die aufzuladenden Wagen passieren, indem sie sich wie Blattfedern nach innen zurückbiegen. Erst wenn ein Wagenradsatz über dem vordersten Rollbock ankommt, wird der Rollbock vom Arretiermechanismus freigegeben. Durch den Mitnehmerhebel angetrieben, rollt der Bock mit der Geschwindigkeit des aufzunehmenden Radsatzes mit, so dass die Radtaschen dem Rad genau folgen. Mit der Verminderung der Niveau-Differenz von Normal- und Schmalspurgeleise werden die Spurkränze des ersten Radsatzes allmählich und sanft in die Tragtaschen abgesetzt. Das Rad kann sich dadurch nicht mehr drehen, und die Belastung wird in diesem Moment von der Normalspur auf die Schmalspur übertragen. Gleichzeitig werden die Verriegelungsbolzen frei und sichern durch die Federkraft das zu tragende Rad.

Die Lokomotive stösst die Wagengruppe ohne Zwischenhalt, bis der letzte Wagen auf die Rollböcke aufgeladen ist. Danach wird die ganze Wagengruppe am anderen Ende an eine Schmalspurlokomotive angekuppelt, um die Güter an den Bestimmungsort zu transportieren.

Ausser Rollböcken werden auch Rollwagen oder Rollschemel zu diesem Zweck eingesetzt. Auf dem Rollwagen kann ein nicht zu langer, zweiachsiger Güterwagen in seiner ganzen Länge aufgeladen werden, während der Rollbock jeweils nur einen Radsatz übernimmt.

Per Bahn und zu Fuss ins hüglige Appenzell

 Von St. Gallen nach Gossau, 10 Minuten (□850)

 Mit den Appenzeller Bahnen von Gossau nach Appenzell, 45 Minuten (□854)

 Von Appenzell nach Gais, ca. 2 Stunden

 Mit der Gaiserbahn von Gais nach St. Gallen, 35 Minuten (□855)

Wer Interesse hat, in Gossau einmal das Aufbocken der SBB-Wagen zu verfolgen, kann dies ohne weiteres tun. Aus Sicherheitsgründen sollte aber am Schalter um Erlaubnis gefragt werden. Täglich fahren zwei Güterwagen ins Appenzellerland. Auf die Rollböcke aufgebockt wird jeweils morgens um acht Uhr und nachmittags um halb zwei Uhr.

Danach steht uns eine Bahnfahrt durch das traumhaft schöne Appenzellerland bevor. Über sanft geformte Hügel, von kleinen Einzelhöfen übersät, führt uns die Bahn nach Appenzell, dem Hauptort des Innerrhoder Halbkantons. Ein Aufenthalt in der Hauptgasse mit ihren alten Häusern mit den typischen Giebeln und bemalten Holzfassaden lohnt sich.

Von der Sitterbrücke, bei der Pfarrkirche, beginnen wir anschliessend unsere Wanderung nach Gais. Wir wandern in nordöstlicher Richtung bis zur Kreuzung beim Krankenhaus Appenzell, wo wir dem Wegweiser Richtung Guggerloch nach Hirschberg folgen. Über den langgezogenen Kamm des Hirschberges führt der nun leicht absteigende Weg durch ein kleines Waldstück und danach über Wiesen. Nachdem wir den Zwislenbach überschritten haben, gelangen wir an den Höfen Zwislen vorbei nach Gais zum Bahnhof. Die Bahnfahrt mit der Gaiserbahn von Gais nach St. Gallen führt uns nochmals durch die prachtvolle, beinahe märchenhafte Landschaft des Appenzellerlandes.

Die Dorfanlage von Gais mit den traditionellen Holzhäusern entstand hauptsächlich nach dem Dorfbrand von 1780. (Foto: Eduard Widmer, Zürich)

Mit der Stollenbahn ins Kohlebergwerk
Das Bergwerk Käpfnach in Horgen

Mit einem Stollennetz von 90 Kilometer Länge und einer Fläche von rund drei Quadratkilometern bildet das im Jahre 1947 stillgelegte Bergwerk Käpfnach in Horgen das grösste Kohlebergwerk der Schweiz. Seit 1982 nimmt sich der Bergwerkverein Käpfnach seiner Geschichte an. Vom gesamten Stollennetz sind derzeit rund 500 Meter für Führungen mit der Stollenbahn zugänglich. Das Museum, welches in Räumen des ehemaligen Kohlemagazins untergebracht ist, vermittelt einen interessanten Überblick über die Geschichte des Bergbaus in Horgen. Neben Werkzeugen, Plänen und Dokumenten finden wir hier auch eine einmalige Sammlung von Bergwerklampen, verschiedene Fossilien und ausführliche Informationen zur Geologie des Gebiets. Der Höhepunkt unseres Ausflugs ist eine Fahrt mit der Stollenbahn in den Rotwegstollen, wo wir das Kohleflöz und die Versatzarbeiten sehen können.

Aus der Geschichte des Horgner Kohleabbaus

Bereits um die Mitte des 16. Jahrhunderts — Horgen zählte damals nur einige hundert Einwohner — erwähnt der Chronist Johannes Stumpf Kohlevorkommen in den Herrschaften Horgen und Wädenswil. Diese seien aber nicht so reichlich, «deshalb man deren wenig acht hat».

Im Jahre 1663 wurden die Kohlevorkommen in Käpfnach neu entdeckt. Die ortsansässigen Ziegler Landis sollen darauf gestossen sein, als sie «Leim» für ihre Ziegelhütte suchten. Erste überlieferte Abbauphasen gehen denn auch auf diese Zeit zurück. Schon 1693 aber wird in der Chronik des Zürichsees erwähnt, dass das Kohlegraben wieder aufgegeben worden sei, «weil jetzunder das Holz wohlfeiler zu bekommen ist und weilen sie (die Kohlen) wegen

des Schwefels einen grossen Gestank verursachen». Die Kohle stellte eigentlich nur einen Notbehelf dar, auf den man bei Holzmangel oder hohen Holzpreisen zurückgriff, auf den man aber bei geänderter Marktlage sofort wieder zugunsten der Holzfeuerung verzichtete.

Auch im frühen 18. Jahrhundert wurden nur geringe Mengen Kohle abgebaut. Zwar erteilte der Zürcher Rat 1709 eine Schürfkonzession auf 20 Jahre, doch der Abbau war kein gewinnbringendes Staatsgeschäft. Man wollte damit vielmehr die katholischen Orte, auf deren Holzlieferungen man in Zürich angewiesen war, zur billigeren Abgabe von Holz bewegen. Ob während der Vertragszeit ein dauernder Abbau betrieben wurde, ist nicht überliefert.

Später scheint die Obrigkeit zur Überzeugung gekommen zu sein, dass das rudimentäre einheimische

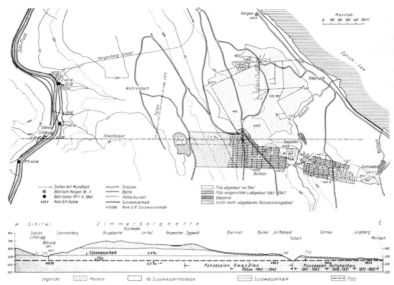

Gesamtübersicht über das Käpfnacher Bergbaugebiet und geologisches Profil, aus welchem die Lage des Flözes erkennbar ist (Aus: Horgner Jahrheft 1982, S. 48)

Bergbauwissen nicht mehr genüge, um den Kohleabbau in Horgen seriös und wirkungsvoll zu betreiben. Fremde, auch ausländische Bergbaufachleute sollten beigezogen werden. So empfahl 1750 der auswärtige Bergmann Köhler verschiedene bergbautechnische Verbesserungen. Und 1763 arbeitete ein Herr de Valtraves aus Biel, der sich viele Jahre in England aufgehalten hatte, zusammen mit seinem Freund Christopher Brown, einem englischen Kohlenberghauptmann, ein Projekt zur Industrialisierung der ganzen Gegend aus. Vorgesehen waren Ziegelbrennereien, Glashütten, Fayencefabriken, Eisenhütten, Hammerwerke, Alaun- und Vitriolsiedereien

sowie Bierbrauereien. Realisiert wurde aber einzig ein Kalkbrennofen, und schon 1776 berichten Landschreiber Escher und Sekretär Scheuchzer, dass alle Gruben wieder zerfallen und überall die Spuren eines unfachmännischen Raubbaues zu erkennen seien.

Die in regelmässigen Abständen unternommenen staatlichen oder privaten Abbauversuche waren samt und sonders nur von kurzlebiger Natur. Die Kohle konnte sich in diesem Gebiet nie richtig durchsetzen, ausser bei ärmeren Bewohnern, die sich in den vielen Brachphasen das eigene Brennmaterial selbst aus den verlassenen Stollen holten.

Die Abbauphase von 1784 bis 1899

Im Jahre 1784 wurde auf Geheiss der Zürcher Obrigkeit vom oberbayrischen Hofrat und Salzdirektor Klaiss ein förmliches Steinkohlebergwerk eingerichtet. Zum erstenmal in der Abbaugeschichte wurde nun auch eine Infrastruktur erstellt. Es entstanden Wohnungen für die Bergleute und Kohlemagazine, aber auch eine erste umfassende Bergbauordnung.

Nach anfänglich nur bescheidenen Förderleistungen nahm der Abbau mit der Industrialisierung im Gebiet von Zürich kontinuierlich zu und erreichte, begünstigt durch die Kohleknappheit während des Deutsch-Französischen Krieges in den siebziger Jahren des vorigen Jahrhunderts einen ersten Höhepunkt. Parallel mit der Ausbeute nahm auch die Zahl der beschäf-

tigten Arbeiter zu. Von nur fünf bis zehn Beschäftigten stieg die Zahl während der Hauptabbauzeit auf 160 Bergwerkarbeiter an.

Der Kohleabbau wurde auch während dieser Zeit nicht zum Goldesel für den Fiskus. Der Abbau blieb eine staatspolitische Aufgabe, um dem bestehenden Holzmangel entgegenzuwirken und den Brennmaterialmarkt zu steuern. Rentabel war das Werk nur während 45 Jahren. Bereits ab 1880 wurden wieder die ersten Defizite eingefahren, und 1910 wurde der Betrieb und der Knappschaftsverband aufgelöst.

Der Abbau während der beiden Weltkriege

Die Kohleknappheit während des Ersten Weltkriegs liess Ingenieur Max Zschokke eine Konzession für den

Eine der gedrungen gebauten Diesel-Lokomotiven und mit Kohle beladene Loren im Doppeltransportstollen Gottshalden (Foto: Ortsmuseum Horgen)

Kohleabbau übernehmen. Zusammen mit verschiedenen Firmen der Umgebung und der Gemeinde gründete er im letzten Kriegsjahr die «Bergwerk Gottshalden M. Zschokke & Cie.» und begann mit dem Kohleabbau. Schon im März 1919 gelangten aber wieder ziemliche Mengen ausländischer Kohle zu bedeutend herabgesetzten Preisen auf den Markt, und die Gesellschaft begann um ihr Überleben zu kämpfen. Nach verschiedenen Subventionierungsversuchen musste die Firma im Frühling 1921 unter Verlust aller Einlagen liquidiert werden.

Max Zschokke, der während vielen Jahren einen grossen Bogen um die Gegend von Horgen machte, sah sich Anfang 1941 erneut veranlasst, eine Konzession für den Abbau zu beantragen. Mit 27 Firmen gründete er die «Braunkohlen-Genossenschaft Horgen» und begann mit dem Abbau. In dieser Abbauphase standen anfänglich 110, im Jahre 1945 aber bereits 228 Mann im Einsatz. Es wurden mehrere Kilometer Stollen vorangetrieben, so dass schon 1942 um eine Konzessionserweiterung nachgesucht werden musste. In dieser Zeit wurde wesentlich mehr Kohle gefördert als in allen früheren Abbauphasen zusammen.

Die Abbaufront unter Tag wich aber immer weiter zurück, und die Deponiemöglichkeiten für das Ausbruchmaterial begannen knapp zu werden. 1946 betrug die Förderstrecke vom Mundloch bis zum Abbau 2,5 Kilometer, und die Kohleförderung, der Abtransport des Aushubmaterials, Ein- und Ausfuhr der Schichten, kurz alle Transportwege unter Tag, waren unrentabel lang geworden. Diese zu verkürzen hätte bedeutet, näher an der Abbaufront einen neuen Stollen in den Berg zu treiben. Da aber die Kohleimporte aus den ehemals kriegführenden Ländern wieder anzulaufen begannen, lohnte sich ein solches Unternehmen nicht mehr. Nach dem Rekordförderjahr 1946 mit über 13000 Tonnen wurde im folgenden Jahr der Betrieb liquidiert. Seither wurde in Käpfnach keine Kohle mehr abgebaut, und die Mundlöcher sind heute grösstenteils zugemauert.

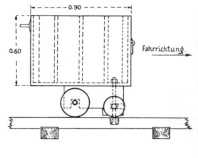

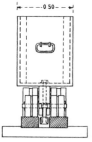

Alter Förderwagen, sogenannter «Hund» (Aus: Horgner Jahrheft 1982, S. 17)

136

Materialzug, mit Ausbruch gefüllt und bereit zum Abtransport. Gut sichtbar ist das Fahrwerk mit dem geringen Achsenabstand. (Foto: Ortsmuseum Horgen)

Der Transport der Kohle

Neben dem eigentlichen Hauen der Kohle stellte der Abtransport der Kohle und des Ausbruchmaterials die Hauptarbeit des Abbaus unter Tag dar. Dieser Arbeitsgang wurde in früheren Jahren mittels eines sogenannten «Hundes» bewältigt. Der «Hund» war ein Holzkasten mit hinten zwei grossen und vorne zwei kleinen, eisernen Rädern ohne Spurkranz. Zur Spursicherung war in der Mitte, an einer vertikalen Achse, eine Rolle befestigt, die zwischen den hölzernen Schienen lief (s. Abb.). Der «Hundläufer» schob den mit rund 230 Kilogramm Kohle beladenen Wagen von der Abbaufront zum Mundloch. Diese Arbeit sei nicht die angenehmste gewesen, und der Fahrkasten habe seinen Namen in reichlichem Masse verdient.

Mit dem Aufschwung der Industrie in der Umgebung von Horgen wurde in den 1850er Jahren eine Feldbahn installiert. Die eisernen Schienen mit einer Spurweite von 60 Zentimetern waren fest mit den Schwellen verbunden, so dass die Geleise nach einer Ebnung des Untergrunds leicht verlegt werden konnten.

Als Wagen verwendete man zweiachsige, eiserne Fahrgestelle mit geringem Achsenabstand, auf denen ein Seitenkipper aufgebaut war. Diese Wagen wurden wie schon der «Hund» von Manneskraft unter Tag verschoben. Statt Drehscheiben benützte man Wendeplatten, auf denen die Wagen leicht gedreht werden konnten.

Beladener Kohlewagen bei einer Drehplattform im Querstollen. Auf der Metallplatte lag der Wagen nur noch mit seinen Spursicherungskränzen auf und konnte so leichter gedreht werden. (Foto: Ortsmuseum Horgen)

Erst in der Abbauphase im Zweiten Weltkrieg wurde im Bergwerk Käpfnach die Zugkraft des Menschen durch die gedrungen gebauten Stollenlokomotiven ersetzt. Da in der Kriegszeit keine neuen Motoren aus Deutschland eingeführt werden konnten, kaufte die Firma John Würgler Occasionsmotoren der Firma Deutz, um sie zu revidieren. Entsprechende Fahrrahmen und Gehäuse zu den Dieselmotoren wurden von der Firma selber konstruiert. Neben diesen «Würgler-Loks» standen auch noch andere Diesellokomotiven im Einsatz.

Wer heute das Bergwerk besucht, wird von einer Akku-Lok vom Typ Bartz in den Stollen gefahren. Die Lokomotive wird von 2 × 20-Volt-Batterien mit einer Leistung von 8,8 Kilowatt gespeist und verfügt über eine Zugleistung von 15 Tonnen.

Literatur:
Barbaratag-Feier mit vielen Überraschungen. Anzeiger des Bezirks Horgen, 7. Dez. 1988.
Bergwerkverein Käpfnach: Auf den Spuren des Bergwerks Käpfnach. Bergwerksführer, Horgen 1986.
Bosshard, Walter: Horgener Kohle — wirtschaftlich erfolgreich abgebaut. In: Horgner Jahrheft 1982, S. 35ff.
Ein Stück Horgener Industriegeschichte. NZZ, 28. Dezember 1989.
Jungfernfahrt mit der Stollenbahn und Böllerschüsse für «Barbara». Anzeiger des Bezirks Horgen, 7. Dezember 1987.
Stünzi, Hans: Kohleförderung in Käpfnach — vierhundert Jahre Horgener Geschichte. In: Horgner Jahrheft 1982, S. 3ff.

Auf den Spuren der Käpfnacher Bergarbeiter

 Von Zug oder Zürich nach Wädenswil oder Au (720 oder S2)

 Von Wädenswil oder Au auf der Seepromenade nach Käpfnach, ca. 1 Stunde, von Au 40 Minuten

 Besichtigung des Museums an der Bergwerkstrasse 29, ca. 1 Stunde

 Geführter Spaziergang zum Eingang des Rotwegstollens, ca. 15 Minuten

 Fahrt in den Rotwegstollen mit kurzem Aufenthalt im Stollen, ca. 50 Minuten

 Auf der Seepromenade weiter bis zum Bahnhof Horgen See, 20 Minuten

 Das Bergbaumuseum und das Bergwerk sind von April bis November jeden Samstag von 14.00 Uhr bis 17.00 Uhr geöffnet.

Von Wädenswil, das wir mit dem Zug erreichen, führt uns die Wanderung auf der Uferpromenade entlang des Zürichsees über die Halbinsel Au nach Käpfnach. Verpflegen kann man sich unterwegs im Restaurant Au oder bei einem der Picknickplätze — zum Teil mit Feuerstellen. An der Route liegt auch das Strandbad mit Kinderspielwiese. Der ganze Weg ist mit Kinderwagen befahrbar.

In Käpfnach verlassen wir den Uferweg und gelangen über die alte Landstrasse in die Bergwerkstrasse

Früheres Schifferhaus, gebaut 1712, im 19. Jahrhundert Bergarbeiter-Wohnhaus (Foto: Paul Bächtiger, Horgen)

und zum Museum. Die alten Riegelhäuser entlang der Strasse sind ehemalige Unterkünfte der Bergarbeiter. Das Bergbaumuseum ist in einem ehemaligen Kohlemagazin aus dem Jahre 1785 untergebracht. Mit Filmdokumenten, Texten und Bildern werden wir hier über die Geschichte des Bergbaus und über die Geologie dieses Gebietes informiert. Daneben sind Dokumente, Werkzeuge, Pläne, Fossilien sowie eine einmalige Sammlung an Bergwerklampen ausgestellt.

Nach dem Museumsbesuch führt uns ein Mitglied des Bergwerkvereins durch das Dorf zum Mundloch des Rotwegstollens. Auf dieser kurzen Führung vernehmen wir Wissenswertes aus der Geschichte der Industrialisierung und sehen die ehema-

ligen Bergarbeiterunterkünfte wie auch die Häuser der reichen Industriellen. Auf den Schienen der alten Feldbahn fahren wir anschliessend rund 500 Meter in den Rotwegstollen. Wir sehen das nur dünne Kohleflöz und die Versatzarbeiten und erhalten einen Eindruck von der Arbeit und den knappen Platzverhältnissen unter Tag. Nach der Besichtigung des Bergwerks begeben wir uns wieder auf die Seepromenade und wandern zum Bahnhof Horgen.

Die schmalste der Schmalen
Die Schinznacher Baumschulbahn (SchBB)

Feldbahnen sind kleine, leicht montier- und demontierbare Eisenbahnen mit schmaler Spur und einfachem Rollmaterial. In Schinznach Dorf, am Fuss des aargauischen Juras, wird eine ehemalige Feldbahn mit Dampf- und Dieselfahrzeugen für den touristischen Personentransport eingesetzt. Sie ist die einzige Schweizer Dampfbahn mit nur 60 cm Spurbreite. Die heute fest verlegte Strecke führt auf dem Areal der grössten Baumschule der Schweiz durch eine idyllische Landschaft von Hunderten von jungen Bäumen und Sträuchern.

Dampfromantik im «Paradiesgarten»

Im Jahre 1879 eröffnete Johann Zulauf in Schinznach Dorf eine kleine Landgärtnerei. Sie entwickelte sich mit der Zeit zur Baumschule, deren Produktionsfläche immer grösser wurde. Um die angewachsenen Transportaufgaben leichter zu bewältigen, wurde 1928 eine Feldbahn mit 60 cm Spurweite in Betrieb genommen. Damals wurden die Wagen für den Transport von Bäumen, Erde, Torf, Mist usw. noch mit Muskelkraft geschoben, da die leichten Feldbahnschienen keinen Lokomotivbetrieb zuliessen. In den fünfziger Jahren jedoch wurde der Schienentransport von Traktoren und Kleintransportern verdrängt, und man stellte den Betrieb der Bahn ein. Dabei wurden nach und nach auch die meisten Geleise entfernt. 1975 erinnerten sich Freunde der Dampfromatik jener beinahe vergessenen Lorenbahn und spielten mit dem Gedanken, diese in anderer Form zu neuem Leben zu erwecken: als Personen- und Baumschulbahn mit Dampfbetrieb.

So begann 1976 der Wiederaufbau der Schinznacher Baumschulbahn. Als erstes mussten die in der Schweiz noch vorhandenen Schienen und Weichen dieser Spurbreite zusammengesucht und vollständig neu verlegt werden. Es waren allerdings nicht mehr die leichten Schienen der ursprünglichen Feldbahn. Schwere Schienen und Holzschwellen (halbierte Normalspurschwellen), die den Lokomotivbetrieb mit bis zu 6 Tonnen Achslast zuliessen, waren notwendig. Für geeignetes Rollmaterial musste man sich im Ausland umschauen. Kurz vor Betriebsaufnahme traf aus Lürschau bei Schleswig als erste Dampflok die «Pinus» von der Firma Henschel & Sohn ein. Eine weitere Lokomotive und mit ihr 16 Güterwagen konnten von der eingestellten Muskauer Waldbahn in der DDR erworben werden. Über Polen gelangte 1978 die dritte Dampflok nach Schinznach. Die letzte im Bund ist eine aus Südafrika beschaffte Gelenk-Dampflokomotive, bekannt unter der Be-

Das Verlegen der Geleise war spielend einfach. Während ein Arbeiter die Lore mit den «Jochen» schob und diese vorreichte, nahm sie ein zweiter ab und legte sie an das bestehende Geleise an. (Aus: D. Lawrenz, a.a.O.)

zeichnung «Garratt». Die Instandstellung der spektakulären Maschine ist in vollem Gange. Sie dürfte in 1 – 2 Jahren abgeschlossen sein.

«Fliegende Bahnen»

Die Geschichte der Feldbahn, auch «fliegende Bahn» genannt, ist weitaus älter als jene der eigentlichen Eisenbahn; sie reicht bis ins 16. Jahrhundert zurück. Sogenannte Feldbahnen kamen meist dort zum Einsatz, wo die Tragkraft von Mensch und Tier überfordert war oder der Transport von Gütern nicht mehr effizient genug ausgeführt werden konnte: im Bergbau, in der Land- und Forstwirtschaft, für gewerbliche und militärische Zwecke. Die weite Verwendbarkeit der Feldbahnen ist auf die relativ einfache Konstruktion der Schienen zurückzuführen. Bei einer einfachen Feldbahn konnten die fertig montierten Geleisjoche in kürzester Zeit auf den unbefestigten Untergrund verlegt werden. Die Joche, d.h. die

Rahmen aus Schienen und Stahlschwellen, wurden durch Flachlaschen und Bolzen sozusagen «im Flug» miteinander verbunden. Daher der Name «fliegende Geleise». Es bedurfte lediglich einer oberflächlichen Ebnung des Bodens, um ein Durchbiegen der Geleise zu verhindern. Das Herder-Lexikon (1904, Bd. 3) schreibt dazu: «Das billige, über geackerte Felder, nasse Wiesen und gleich leicht zu legende Gleis ersetzt kostspielige Feldwege und ermöglicht die Fortschaffung der vierfachen Last in $1/3$ der auf Feldwegen gebrauchten Zeit.»

Die grösste Ausführung einer Feldbahn ist fast schon als Kleinbahn zu bezeichnen. Bei ihr wurde der Oberbau trassiert, die Schienen auf hölzernen Schwellen langfristig verlegt und der Betrieb mit schweren Lokomotiven und Wagen durchgeführt. Je nach Bedarf wurden beide Varianten der Feldbahn beliebig miteinander verbunden. Somit konnte der Transport von Gütern optimal geplant und rationell bewerkstelligt werden.

Die Weichen

Die auf den «fliegenden Geleisen» verwendeten Schlepp- oder Kletterweichen waren ebenfalls auf Stahlschwellen fest montiert. Die Weichenzungen mussten bei Richtungswechsel jeweils direkt, ohne Hebel, gestellt werden. Anders war dies bei Zufuhr-Bahnen, die — etwa im Bergbau — Rohmaterial von den Abbaustellen in weiterverarbeitende Betriebe zu befördern hatten und deren Hauptgeleise oft längere Zeit bestehen blieb: Bei diesen Weichen konnten die Weichenzungen mittels eines Stellhebels

Die auf den «fliegenden Geleisen» verwendeten Weichen waren auf Stahlschwellen fertig montiert, die Weichenzungen mussten ohne Hebel gestellt werden.

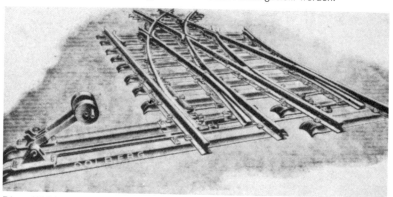

Diese Weichenzungen wurden mittels eines Stellhebels gestellt. Die Stahlschwellen waren an den Enden gebogen und an den Seiten eingeknickt, damit sich die Weichen nicht verschieben konnten. (Beide Abb. aus: D. Lawrenz, a.a.O.)

bewegt werden. Zur Stabilität der Weichen wurden die Stahlschwellen an den Enden gebogen und seitlich eingeknickt, so dass sie im Boden festen Halt finden konnten.

«Trucks» auf Schienen

Die leichtesten und kleinsten Feldbahnfahrzeuge waren die sogenannten «Trucks»; sie bildeten das Grundgerüst für erweiterte Ausführungen. Der aus zwei liegenden U-Eisen gebildete Rahmen trug an seiner Unterseite die ungefederten Achslager und Radsätze. An den Enden waren vereinfachte Puffer mit aufgesetzten Haken zur Aufnahme des Kuppeleisens angebracht. Die verschiedenen Wagentypen wurden auf einem (Loren) oder zwei solcher «Trucks» (Kastenkipper, Drehschemelwagen) aufgebaut.

Gute Fahrt

Die Schinznacher Baumschulbahn ist nicht nur für den Besucher eine Freizeit-Attraktion, sondern ebenso für die Aktivmitglieder des 1979 gegründeten Vereins. Unermüdlich und unentgeltlich sorgen sie rund ums Jahr für den Betrieb und die Revision des Rollmaterials und der Anlage. Die Führung der Lokomotiven liegt in den Händen von Vereinsmitgliedern. Vor der selbständigen Übernahme des Führerstandes haben Lokführer-Kandidaten einen Lehrgang zu absolvieren und eine Prüfung zu bestehen.

Die Dampfloks der SchBB

Taxus DR Nr. 99 3311
Typ: D n2t
Gewicht: 12 t, Leistung: 75 PS
Hersteller/Jahr: Krauss & Co., München, 1917
Ursprünglicher Einsatz: Heeresfeldbahnbrigadelok
Erworben von: Muskauer Waldbahn DDR

Pinus
Typ: B n2t
Gewicht: 11 t, Leistung: 70 PS
Hersteller/Jahr: Henschel & Sohn, Kassel, 1937
Ursprünglicher Einsatz: Industrielok Bauart «Riesa»
Erworben von: Kieswerk Lürschau bei Schleswig BRD

Sequoia PKP Nr. Ty-3 194
Typ: C n2
Gewicht: 21 t, Leistung: 90 PS
Hersteller/Jahr: Orenstein & Koppel, Berlin, 1944
Ursprünglicher Einsatz: Kleinbahn Streckenlok mit Schlepptender
Erworben von: Jarocin, Polen

Garratt SAR NG/G 13 Nr. 60
Typ: 1c1/1c1 h4t
Gewicht: 62 t, Leistung: 680 PS
Hersteller/Jahr: Hanomag, Hannover, 1927
Ursprünglicher Einsatz: Gelenklok, Südafrikanische Staatsbahn
Erworben von: Provinz Natal, Südafrika

Die leichtesten und kleinsten Feldbahnfahrzeuge waren die sogenannten «Trucks»; sie bildeten die Grundeinheit. (Aus: D. Lawrenz, Feldbahnen in Deutschland, S. 12)

Bevor die Glocke zur Abfahrt durchs Areal schrillt, muss die Lok während drei Stunden mit Kohle gefüttert werden. Erst dann kann sie den 3,5 Kilometer langen Weg durch die Baumschule antreten. Pünktlich im Halbstundentakt werden die Fahrgäste mit offenen und geschlossenen Personenwagen durch die prachtvoll angelegte Baumschulanlage geführt — vorbei an Tausenden von Strauch- und Baumarten, über eine 30 Meter lange Hochbrücke in eine kleine Schlucht und einem kleinen See entlang. Die reizvolle Bahnfahrt dauert 20 Minuten und macht alt und jung viel Spass.

Literatur:
Lawrenz, Dierk: Feldbahnen in Deutschland, Stuttgart, Franckh'sche Verlagshandlung, 1982.
Ritz, Martin: Schinznacher Baumschulbahn Nr. 0126, Schinznach Dorf, 1987.

Spaziergang am Aare-Ufer zum Dampflok-Plausch

 Mit der SBB nach Brugg: Von Luzern via Olten (□500/650), von Basel via Olten (□500/650), von Zürich via Olten (□710)

 Von Brugg nach Schinznach Bad, ca. 1 Stunde 10 Minuten, und weiter nach Schinznach Dorf, ca. 30 Minuten

Von Schinznach Dorf nach Brugg,
ca. 20 Minuten (□650.30)

Öffnungszeiten der Baumschulbahn:
April bis Anfang Oktober, Samstag und
Sonntag (ohne Pfingsten und Bettag) jeweils
von 13.30—17.00 Uhr

Vindonissa-Museum in Brugg
Öffnungszeiten des Museums:
Dienstag—Sonntag 10.00—12.00 Uhr und
14.00—17.00 Uhr

Diese Wanderung ist problemlos mit dem
Kinderwagen zu machen.

Unser Ausflug beginnt mit einem Spaziergang von Brugg nach Schinznach Dorf, da die Baumschulbahn den Betrieb erst um 13.30 Uhr aufnimmt. Vom Bahnhof Brugg wandern wir ins Zentrum der Stadt. Beim «Roten Haus» biegen wir in die Altenburgstrasse und kommen am Vindonissa-Museum vorbei. Hier ist übrigens eine äusserst reichhaltige Sammlung von Fundgegenständen aus dem römischen Lager Vindonissa zu bewundern. Wir bleiben auf der Altenburgstrasse und gehen weiter unter der Eisenbahnbrücke hindurch zum Schlösschen Altenburg mit seiner Jugendherberge. Zur Zeit der Römerherrschaft, im 3. Jahrhundert, befand sich hier ein römisches Kastell, dessen Mauerreste heute noch sichtbar sind. Später, im 9. Jahrhundert, wurde das Schlösschen von den Vorfahren der Grafen von Habsburg, den Grafen von Altenberg, bewohnt.

Der Uferweg führt uns nun aareaufwärts durch eine prachtvolle Wald- und Uferlandschaft bis nach Schinznach Bad. Auf etwa halbem Weg befindet sich eine Feuerstelle, an der man unter Bäumen einen erholsamen Zwischenhalt einschalten kann. Für Badelustige lässt der Fluss an verschiedenen Stellen eine kurze Erfrischung zu. Wer das Restaurant vorzieht, kann sich in Schinznach Bad im Restaurant «Badstübli» bestens verpflegen lassen. Der Spielplatz gleich neben dem Gartenrestaurant verschafft kleineren Besuchern Abwechslung.

Die Dampflokomotive führt die Besucher durch den mit Sorgfalt gepflegten «Paradies-garten» an Hunderten von verschiedenen Sträuchern und Bäumen vorbei. (Foto: Schinznacher Baumschulbahn)

Von Schinznach Bad nehmen wir den Weg am Ufer wieder auf, biegen nach etwa 10 Minuten rechts ab und überqueren beim Niederdruckkraft-werk NOK die Aare. Flussaufwärts verlassen wir nach 100 Schritten den Damm und biegen in den rechts fol-genden Weg ein, der uns über die Brücke und am Bach entlang zur Hauptstrasse führt. Auf der anderen Strassenseite gehen wir in der einge-schlagenen Richtung weiter, bis zur nächsten kleinen Brücke. Hier be-findet sich der Eingang zur Baum-schulanlage. (Achtung, der Eingang ist nicht markiert!) Am See vorbei, entlang den Geleisen, stossen wir un-weigerlich auf den «Hauptbahnhof» der Schinznacher Baumschulbahn.

Falls wir auf den nächsten Zug warten müssen, sollten wir die Zeit ausnützen und ein paar Schritte durch den «Paradiesgarten» oder durch die für die Schweiz einmalige Bonsai-Ausstellung machen.

Wenn wir die Anlage Richtung Schinznach Dorf verlassen, befindet sich gleich nach der Strassenkreu-zung die Postautohaltestelle «Schinz-nach-Aussendorf», von wo wir zu-rück nach Brugg gelangen.

Auf drei Schienen über Moränen
Der Güterverkehr zwischen Bremgarten und Wohlen

Nur wenige Bahnlinien in der Schweiz sind mit drei Schienen ausgerüstet und können somit von Normal- und Schmalspurzügen gleichermassen befahren werden. Eine dieser Strecken verbindet das Freiämter Zentrum Wohlen mit dem West-Bahnhof des Brückenstädtchens Bremgarten an der Reuss.

Bahnanschluss direkt oder auf Umwegen

Im letzten Drittel des 19. Jahrhunderts wollte jede grössere Gemeinde ans langsam zusammenwachsende Bahnnetz angeschlossen sein. Als klar wurde, dass keine Bahn durch das Reusstal führen würde, suchte Bremgarten einen Anschluss an die Bünztal-Projekte Wohlen — Lenzburg bzw. Wohlen — Brugg. Die beteiligten Unternehmen Centralbahn und Nordostbahn konnten für die Verlängerung nach Bremgarten gewonnen werden. Am 1. Juli 1876 bereits wurde die Normalspurstrecke mit einer maximalen Steigung von 15 Promille eröffnet. «Verschiedene Befürchtungen und ein starker Regen dämpften die Stimmung», zitiert die Jubiläumsbroschüre von 1952 einen Zeitgenossen. Die Betriebsdefizite blieben denn auch nicht aus. Mit Nordostbahn

Normalspuriger Güterzug mit Kesselwagen auf der Fahrt von Bremgarten-West nach Wohlen (Foto: BD)

und Centralbahn kam 1902 auch die Wohlen-Bremgarten-Bahn zu den neu gegründeten SBB.

Dreischienengeleise werden wieder modern

Im gleichen Jahr konnte nach längerem Streit um Linienführung und Konzessionen die schmalspurige elektrische Strassenbahn von Dietikon über den Mutschellen bis Bremgarten-Obertor fertiggestellt werden. Aber erst 10 Jahre später wurde mit der Reussbrücke und dem Verbindungsstück Bremgarten Obertor — Bremgarten Station (heute Bremgarten-West) der Anschluss an die SBB-Linie geschaffen. Mit der pachtweisen Übernahme der Strecke Bremgarten — Wohlen durch die BD wurde die dritte Schiene auf dieser Strecke eingebaut. Der Güterverkehr wickelte sich fortan auf der Normalspur ab, der Personenverkehr aber durchgehend auf der Schmalspur.

In der Schweiz existieren nur wenige längere Dreischienengeleise, so zwischen Chur und Domat-Ems, zwischen Niederbipp und Oberbipp sowie bei Zollikofen. Nach den Plänen der Interessengemeinschaft 3. Schiene soll 1996 ein weiteres, 58,3 km langes Stück dazukommen: Mit einer dritten Schiene auf den Normalspur-Trassen der Simmental- und der Lötschbergbahn zwischen Zweisimmen und Interlaken-Ost sollen die Brünigbahn, einzige Schmalspurlinie der SBB, und die Montreux-Berner Oberland-Bahn (MOB) miteinander verbunden werden. Viermal täglich sollen so die beiden Tourismuszentren Luzern und Montreux mit direkten Zügen verbunden werden können. Die Promotoren rechnen mit Gesamtkosten von rund 70 Millionen Franken.

Literatur:
Geschichtliches über die Bremgarten-Dietikon-Bahn. Bremgarten, BD, ca. 1969.

Vom Bünztal via Reusstal ins Limmattal

 Von Aarau oder Lenzburg nach Wohlen, 20 bzw. 10 Minuten (□653)

 Von Wohlen nach Bremgarten, ca. 2 Stunden

 Von Bremgarten nach Dietikon, 23 Minuten (□654)

 Die Wanderung kann schon beim Bahnhof Bremgarten-West abgebrochen werden.

Von Aarau bis Lenzburg befährt unser Zug die Hauptlinie Bern — Zürich, welche sich ab Rupperswil in einen nördlichen, dem Aaretal folgenden, und einen südlichen, durch den Heitersbergtunnel führenden Ast verzweigt, die sich erst in Killwangen an der Limmat wieder treffen. Vom südlichen Ast zweigt nach Lenzburg in einem grossen Gleisdreieck die vor allem dem Gütertransitverkehr dienende Linie nach Arth-Goldau ab.

In Wohlen beginnt für uns die Wanderung. Wir folgen den Geleisen Richtung Süden (Fabrikweg). Über den Bollmoosweg (nach links), die Steindlerstrasse (nach rechts) und die Friedhofstrasse (nochmals nach rechts) gelangen wir zum Niveau-übergang der Bremgarten-Dietikon-Bahn BD. Auf dem Dammweg folgen wir dem Dreischienengeleise bis zur Haltestelle Oberdorf, wo der Weg auf die andere Seite wechselt. Nach rund hundert Metern mündet der Weg in die Obere Haldenstrasse, der wir in der eingeschlagenen Richtung weiter folgen. Immer geradeaus führt der Weg zurück zur Bahnlinie. Auf der andern Seite der Bahnlinie geht es geradeaus weiter zum Tierpark Waltenschwil, oder aber links den Geleisen entlang zum sogenannten Erdmannlistein.

Der Erdmannlistein: Findling mit eigener Haltestelle

Dieser geheimnisvolle Felsbrocken, mit eigener BD-Haltestelle notabene, ist nichts anderes als ein Findling aus dem Alpenraum. Der Reussgletscher, der in der Hochwürm-Eiszeit bis in den Raum Othmarsingen/Mellingen vorgestossen war, hat ihn beim

Seit 1912 verbindet die Reussbrücke die beiden Bahnstationen in Bremgarten.
(Foto: Photoglob)

Rückzug auf seiner Endmoräne liegen lassen. Dieser mächtige erratische Block ist ein beliebtes Ausflugsziel für Schulklassen, denn seine Lage im Wald verlockt zu spannenden Abenteuerspielen.

Von beiden Zielen — dem Erdmannlistein oder dem Tierpark — aus gelangt man durch den Wald zur BD-Station Bremgarten-West. Wer noch weiter wandern will, findet gegenüber dem Bahnhofgebäude zum Reussuferweg hinunter. Vom Kraftwerk Bremgarten-Zufikon hat der Wanderer bis zum historischen Brük-kenstädtchen Bremgarten die Wahl zwischen linkem und rechtem Flussufer.

Von Bremgarten winden sich die Gelenkzüge der BD der Strasse entlang über Kurven von oft nicht mehr als 30 Meter Radius auf die Mutschellen-Passhöhe (550 m ü. M.) hinauf und auf der andern Seite nach Dietikon hinunter. Seit Jahrzehnten schon studiert man hier eine von der Strasse getrennte Einführung in den SBB-Bahnhof. Realisiert wurde das Projekt bis zum heutigen Tag jedoch nicht.

Wie Güterwagen zu ihrem Zug kommen
Rangierbahnhof Limmattal (RBL)

Noch gehört das Rangieren zum Alltag im Eisenbahn-Güterverkehr. Ohne diese zeitaufwendige Arbeit würden die Güterwagen nicht zum Bestimmungsort finden. In Zukunft allerdings dürfte der Rangierbetrieb immer mehr auf Spezialfälle beschränkt werden: Bereits sind die SBB daran, sogenannte Liniengüterzüge zu testen, die in unveränderter Zusammensetzung zwischen bestimmten Zielen hin und her pendeln. Grund genug, den faszinierenden Vorgang im grössten Rangierbahnhof der Schweiz einmal live zu beobachten. Das Limmattal zwischen Killwangen und Dietikon ist aber auch ein Musterbeispiel einer von der Zivilisation immer mehr bedrängten Flusslandschaft.

Le Locle — Glarus: dreimal rangieren

Zur Abwicklung des Güterverkehrs ist die Schweiz in fünfzehn Rangierzonen mit je einem Rangierzentrum eingeteilt. Das Zentrum Limmattal

gewährleistet mit einigen Nebenzentren das Formieren der Züge für das ganze Gebiet von Chur über Glarus und die Region Zürichsee bis an den Rhein. Ferngüterzüge bringen die Güterwagen von einem Rangierzen-

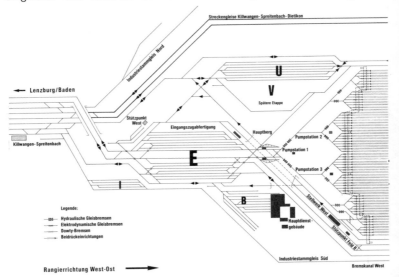

Geleiseplan: Der Rangierbahnhof Limmattal erstreckt sich auf ca. 4,5 Kilometer Länge und ist gegen 500 Meter breit. E = Einfahrgruppe, R = Richtungsgruppe, A = Ausfahr-

trum zum andern. Die Regionalgüterzüge befördern sie weiter zu den sogenannten Mutter-Stationen. Nach nochmaligem Rangieren erfolgt von dort die Feinverteilung mittels Lokalgüterzügen. Wenn also ein Güterwagen von Le Locle nach Glarus soll, so wird er ins Rangierzentrum Biel gefahren. Von dort wird er mit dem Ferngüterzug ins Limmattal geschleppt, wo er an einen Regionalgüterzug nach Ziegelbrücke angehängt wird. Ein Lokalgüterzug bringt ihn dann von hier nach Glarus.

Das erste Projekt für den Rangierbahnhof Limmattal (RBL) stammt aus dem Jahr 1954. Der alte Rangierbahnhof beim Zürcher Hauptbahnhof war schon lange zu klein geworden. Aber erst nach der Überarbeitung

von 1966 war das Projekt ausführungsreif. Die Dimensionierung richtete sich nicht in erster Linie nach dem Bedarf, sondern nach der Kapazität einer modernen Anlage auf dem verfügbaren Platz. Es sollten mindestens vorübergehend auch die benachbarten Rangierzentren Olten und Winterthur entlastet werden können. Heute werden im RBL täglich 5200 Wagen von rund 120 ankommenden Zügen zu 75 neuen Ferngüterzügen und 45 Nahzügen zusammengestellt.

Rangieren heisst sortieren

Die Aufgabe ist logistisch alles andere als einfach, müssen doch die Wagen nicht nur an den richtigen Zug

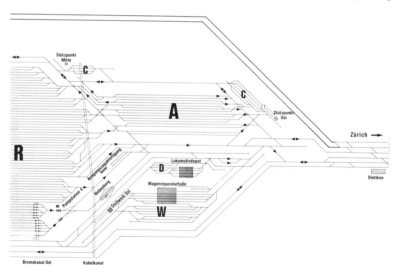

gruppe, V = Geleisegruppe für Leerwagen und Baudienste, D = Depot, W = Wagenreparatur. (Aus: Rangierbahnhof Zürich – Limmattal, Broschüre SBB)

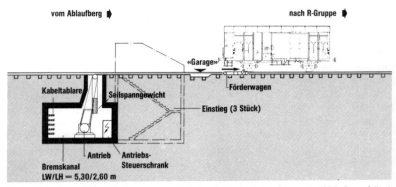

«Garage»

Förderwagen

Kabeltablare

Seilspanngewicht

Einstieg (3 Stück)

Antrieb   Antriebs-Steuerschrank

Bremskanal
LW/LH = 5,30/2,60 m

Beidrückanlage: Der Förderwagen wird durch Seilantrieb bewegt. (SBB-Broschüre)

angehängt werden. Für die Feinverteilung im Nahbereich müssen die Wagen auch in der richtigen Reihenfolge hinter der Lokomotive zu stehen kommen. Allein die Wagen für die Nahverkehrszüge müssen in rund 370 Gruppen sortiert werden. Grundsätzlich erfolgt der Sortiervorgang in zwei Etappen. Im ersten Durchgang über den Abrollberg werden die Wagen nach ihrer Stellung im Zug sortiert. Alle Wagen, die an erster Stelle im Zug stehen sollen, werden ins erste, die Wagen, die an zweiter Stelle stehen sollen, ins zweite Geleise gestellt usw. In einem zweiten Sortiervorgang werden die so vorsortierten Wagen für die einzelnen Züge ausgeschieden. Für Ferngüterzüge beschränkt sich der Sortiervorgang auf die zweite Etappe.

Bevor der Sortiervorgang beginnen kann, werden in der Einfahrgruppe die Bremsschläuche getrennt und die Kupplungen gelockert. Der Zug wird «lang gemacht», wie das in der Fachsprache heisst. Gleichzeitig werden die Wagendaten (Gewicht, Bestimmungsort, Bremseigenschaften usw.) aufgenommen, und daraus wird mit dem Computer der automatische Sortiervorgang programmiert. Eine ferngesteuerte Diesel-Rangierlokomotive stösst die Wagen im Schrittempo zum Ablaufberg. Kurz vor diesem (genau unter der Brücke der Sandäckerstrasse) klinkt ein Rangierarbeiter mit einer langen Eisenstange die vorher gelockerten Kupplungen aus, und die Wagen rollen sanft über die 60-Promille-Rampe des Ablaufberges hinunter. Nach dem Sortierbefehl programmierte Weichen leiten die Wagen in eines der 65 Geleise der Richtungsgruppe.

Geschwindigkeitssteuerung

Geschwindigkeitsmesser und vier Staffeln von Gleisbremsen sorgen dafür, dass die Wagen die vorgese-

Container nach Schaffhausen, bitte umsteigen!

Es ist noch Zukunftsmusik, aber nicht mehr allzu fern. Schon 1990 liefen bei den SBB Versuche mit Liniengüterzügen auf der Strecke Renens (VD) — Bern — Zürich. Wie die Reisezüge sollen diese ohne Rangieren in kürzester Zeit von A nach B fahren. Gedacht sind diese «Güter-IC» vor allem für kleinere Sendungen, die immer häufiger werden. Die Cargo-Domizil-Lastwagen holen die Güter bei den Versendern ab. Am Bahnhof werden sie in den Zug verladen, am Zielort wieder von Lastwagen zum Empfänger gebracht. Nach den Vorstellungen der SBB werden in Zukunft aber nicht mehr einzelne Paletten umgeladen, sondern ganze Container verschiedener Grössen. Im Unterschied zu heute soll der Umlad nicht mehr vertikal per Kran, sondern horizontal mit automatisierten Parallel-Umschlagsgeräten erfolgen. Vorteil: Der Umschlag kann unter den Fahrdrähten erfolgen, ein fahrdrahtloses Geleise ist nicht mehr notwendig. In der Konsequenz bedeutet dies, dass die Container auf Befehl eines Computers vom Zug auf den Lastwagen oder von einem Zug auf den andern «umsteigen» werden. Das teure und zeitaufwendige Rangieren wird immer seltener werden. Die SBB hoffen, dass dann im Binnenverkehr jeder Güterwagen viermal pro Tag be- und entladen werden kann. Heute ist dies erst einmal in vier Tagen der Fall!

hene Geschwindigkeit von 1,5 Metern pro Sekunde nicht überschreiten. Die ersten beiden Staffeln bestehen aus ölhydraulischen Balkengleisbremsen, die dritte aus elektrodynamischen Richtungsgleisbremsen und die vierte aus sogenannten Dowty-Gleisbremsenketten, ölhydraulischen Zylindern, die auf den Spurkranz drücken. Ist umgekehrt die Geschwindigkeit der Wagen zu gering, so sorgt im Richtungsgeleise eine Beidrückanlage für Beschleunigung: Ein flacher, an Seilen gezogener Förderwagen, der unter den Güterwagen durchfahren kann, stösst zu langsame Wagen mit seinen Mitnehmerarmen an (s. Abb.).

Ist ein Zug zusammengestellt, so wird er in der Ausfahrgruppe kurz vor Dietikon zur Abfahrt bereitgemacht. Die Fläche der riesigen Anlage misst mit Umspann- und Leerwagengruppe, Abstellgeleisen, Depots, Dienstgebäuden und Reparaturhallen rund eine Million Quadratmeter. Die Länge beträgt 4,5 Kilometer, die grösste Breite gegen 500 Meter. Rund 300 Personen sorgen für einen reibungslosen Ablauf der Rangierarbeiten. Für sie fährt jede halbe Stunde ein Triebwagen von Dietikon zu den betriebsinternen Stationen RBL Ost, RBL West und RBL Tivoli und zurück.

Zwischen Geleisefeldern und Naturschutzgebiet

 Von Zürich HB oder Brugg nach Killwangen-Spreitenbach, 20 Minuten (□710, S12)

 Vom Bahnhof Killwangen-Spreitenbach zum Rangierbahnhof Limmattal (Furttalstrasse), 30 Minuten

Oder:

 Vom Bahnhof Killwangen-Spreitenbach bis Rotzenbühl, 3 Minuten (□100.00[07], Linie 2, 4 oder 8); oder bis Furttalstrasse, 4 Minuten (nur Linie 8)

 Vom Rangierbahnhof Limmattal zum Bahnhof Dietikon, 1 Stunde 30 Minuten

 Von Dietikon nach Zürich oder Brugg, 20 Minuten (□710, S12)

 Der Rangierbetrieb ruht von 8.00 bis 12.00 Uhr und an den Wochenenden. Hochbetrieb ist zwischen 16.00 und 24.00 Uhr.

Im Limmattal, das von Industrie-, Büro- und Lagerhäusern überwuchert ist, hat die Architektur seltsamste und oft faszinierende Blüten hervorgebracht. Wer nach der Anreise durch diese Agglomerations-landschaft von Zürich vorerst die Füsse benützen will, verlässt den Bahnhof Killwangen-Spreitenbach durch die Unterführung Richtung Kläranlage. Nach der Unterquerung der Autobahn folgt man der Limmat flussaufwärts. Die Fegistrasse, die 150 Meter nach der Autobahn rechts von der Limmat abzweigt, führt in einigem Abstand parallel zur N1 zur Furttalstrasse, die sich vom Gebäudekomplex der Philipps als Brücke über Nationalstrasse und Gleisfelder zum Verteilzentrum Nestlé-Maggi hinüberschwingt. Wer statt die Fegistrasse zu benützen lieber noch weiter der Limmat entlang und um das Industriegebiet «Chessel» herumgeht, findet nach etwa 400 Metern einen Rastplatz mit Feuerstelle. Von dort führt die Kesselstrasse zurück zur Furttalstrasse.

Wer den Bus benützt, verlässt den Bahnhof auf der Bergseite. Die Busse Richtung Spreitenbach bringen den Wanderer unmittelbar zur Furttalstrasse (Seite Verteilzentrum Nestlé-Maggi).

Von der zeitweise recht stark befahrenen Brücke der Furttalstrasse hat man einen guten Überblick über die Gleisanlagen der Eingangsabfertigung. Von Killwangen her rollen die Güterzüge in den Rangierbahnhof Limmattal (RBL) hinein, wo sie zur Trennung vorbereitet werden. Wegen der Autobahn und der gleich daneben auf dem Streckengeleise vorbeirasenden Züge ist der Lärm auf der Brücke allerdings infernalisch und lädt nicht zum Verweilen ein.

Viel angenehmer ist der Aufenthalt auf der den Fussgängern und Velofahrern vorbehaltenen Brücke des Zinggackerweges, 300 Meter weiter Richtung Dietikon. Dorthin gelangt man links der Autobahn über die Limmatstrasse oder rechts der Geleise über die Industriestrasse und die Pfadackerstrasse (Abzweigung links, unmittelbar vor dem Tivoli). Auf der Spreitenbacher Seite der Brücke befindet sich auch ein kleiner, ruhiger Spielplatz.

Einen direkten Blick auf den Ablaufberg erhalten wir allerdings erst auf der dritten, nur schwach befahrenen Brücke der Sandäckerstrasse. Sie erreichen wir über die Limmatstrasse oder auf der andern Seite durch einen Umweg um die Sportanlagen herum. (Achtung: Die Müslistrasse führt ins RBL-Gelände hinein, hat aber keinen Aufgang zur Brücke.)

Nach der anstrengenden Besichtigung des Rangierbetriebs führt uns die Fortsetzung der verkehrsarmen Limmatstrasse durch Felder und vorbei an Schrebergärten zurück zum Fluss (bei der Verzweigung nach ca. 300 Metern links gehen), wo wir kurz vor der Strassenbrücke nach Oetwil einen weiteren Rastplatz finden. Der Limmat entlang aufwärts erfahren wir hautnah die Diskrepanz zwischen Siedlungsdruck, Verkehrsmoloch und Naturschutz. Durch das hart bedrängte Naturschutzgebiet führt der Uferweg zur Überlandstrasse, auf der wir den Seitenkanal, den wir schon einen Kilometer früher auf einem schmalen Steg überschritten haben, nochmals überqueren. Nach weiteren 200 Metern flussaufwärts zweigt der Limmatweg schräg rechts zum Bahnhof Dietikon ab.

Abroll-Container-Umlad ohne Kran
Von Winterthur nach Sihlbrugg mit ACTS

Bis vor ein paar Jahren war völlig undenkbar, was heute erfolgreich für verschiedenste Zwecke eingesetzt wird: der Container-Umlad von der Strasse auf die Schiene und umgekehrt ohne Hilfe eines Krans. Der Kehrichttransport von Sihlbrugg nach Winterthur war die erste Anwendung des neuen Systems. Unser Ausflug verbindet einen kurzen Spaziergang durch die romantische Naturlandschaft des Sihlwaldes mit der Besichtigung einer originellen und zukunftsweisenden Verlade- und Transportlösung.

Von der Strasse auf die Schiene auch auf kürzeren Strecken

Die Eisenbahn ist auf längeren Distanzen weit umweltfreundlicher als Lastwagen und Sattelschlepper. Ihr Schienennetz ist jedoch auch in der Schweiz viel zu weitmaschig, um alle Transportbedürfnisse zu befriedigen. Nur wenige Unternehmen verfügen über einen eigenen Gleisanschluss. Kein Wunder also, wenn innerhalb der Schweiz zwei Drittel aller Transporte auf der Strasse erfolgen. Selbst wenn man den Transitverkehr, eine traditionelle Domäne der Bahn, mitberücksichtigt, bewältigen die wenig umweltfreundlichen, schweren Brummer noch immer rund 45 Prozent aller in der Schweiz gefahrenen Tonnenkilometer.

Der Einzelgüter-Umschlag Strasse/Schiene war bisher viel zu kompliziert, zu zeitaufwendig und zu teuer, als dass er sich lohnte. Die notwendigen Umschlagvorrichtungen wie Rampen, Krane, Förderbänder und grosse Hubstapler sind nur an ausgewählten Stationen vorhanden (vgl. Seiten 163f. und 168f.). Auch die Idee, statt einzelner Güter genormte Behälter, die auf beiden Verkehrsträgern transportiert werden können, umzuschlagen, erschien vorerst als zu zeitaufwendig. Denn auch Container benötigen Krananlagen. Und diese wiederum können nur dort funktionieren, wo keine Fahrdrähte im Weg sind. Ein fahrdrahtloses Geleise und bei grösseren Anlagen Diesel-Rangierloks sind darum unabdingbar. So war auch der Container-Umschlag bisher auf einige wenige Terminals beschränkt.

ACTS — unter den Drähten hindurch

Das Abrollcontainer-Transportsystem (ACTS), das die Frauenfelder Firma Tuchschmid 1986 auf den Markt brachte, hat den kombinierten Verkehr revolutioniert. Erstmals wurde der Container-Umschlag auf fast allen Bahnhöfen möglich. Bedingung ist einzig ein etwa zehn Meter breiter Platz zum Manövrieren der Lastwagen.

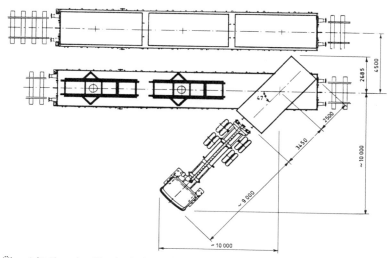

Übersicht über den Platzbedarf von ACTS (Zeichnung: Tuchschmid AG, Frauenfeld)

Zwei Elemente sorgen für das problemlose horizontale Verschieben der Behälter: ein 2,3 Tonnen schweres Translift-Kettenwechselgerät, das auf dem Lastwagen aufgebaut ist, und ein Drehrahmen auf dem Eisenbahntragwagen. Und so funktioniert das Umlademanöver: Von Hand oder mit der Kraft des Lastwagens wird der Drehrahmen seitlich um 47 Grad ausgeschwenkt. Der Lastwagen wird rückwärts an den Rahmen heranmanövriert. Die Kette zieht nun den Behälter über Rollen, die im Längsträger des Containers fixiert sind, auf den Drehrahmen, der anschliessend wieder zurückgedreht wird. Bei neuen Drehrahmen sorgt eine Zentralverriegelung dafür, dass die Behälter während der Fahrt nicht verrutschen können. Bei den ersten ACTS-Wagen, wie sie in Sihlbrugg noch im Einsatz stehen, übernehmen die senkrechten Rungen diese Funktion.

In zwei bis drei Minuten ist ein Container auf diese Weise umgeladen. Der Ausschwenkwinkel des Drehrahmens ist so berechnet, dass der Bahnverkehr auf dem Nebengeleise bei einem Gleisachsabstand von 4,5 Metern nicht gestört wird.

Vom Gemüse bis zum Kehricht

Von einfachen Ladepritschen bis zu Kühlbehältern stehen heute schon eine ganze Reihe spezialisierter Transport-Aufbauten zur Verfügung. Das Translift-Kettenwechselgerät schafft Aufbauten bis zu einem Ge-

Das Kettenwechselgerät verschiebt den Container vom Lastwagen auf den ausgeschwenkten Drehrahmen. (Foto: Tuchschmid AG, Frauenfeld)

wicht von 23 Tonnen und 8 Metern Länge. Es kann diese nicht nur zwischen LKW und Eisenbahnwagen verschieben, sondern sie auch vom Boden aufnehmen oder auf ihn abstellen. So können Container für die Ernte auf den Feldern bereitgestellt, dort abgeholt und auf die Eisenbahn verladen werden. In grossen Mengen wird heute aus Deutschland Kies in die Ostschweiz importiert — mit ACTS. Die Zürcher Ziegeleien transportieren jede Nacht einen Zug mit 15 Behältern Lehm von Schinznach-Dorf nach Schübelbach, von wo tagsüber ein Lastwagen die schwere Last ins einige Kilometer entfernte Werk Tuggen befördert.

Ein Problem hat allerdings auch ACTS noch nicht gelöst: Sofern nicht ganze Züge eingesetzt werden können, müssen die Eisenbahnwagen noch immer rangiert werden (vgl. dazu Seite 152ff.). Erst ein rangierfreies Container-Transportsystem wird die Bahn für den flächendeckenden Gütertransport wirklich tauglich machen.

Naturwald, See und Technik

 Von Winterthur nach Winterthur-Grüze, 4 Minuten (□690, S12)

 Von Winterthur-Grüze nach Rapperswil, 1 Stunde 6 Minuten (□754)

 Von Rapperswil nach Meilen, 21 Minuten (□690, S7)

 Von der Station Meilen zur Fähre, 15 Minuten

 Von Meilen nach Horgen, 8 Minuten

 Vom Hafen Horgen zur Bahnstation Horgen-Oberdorf, 20 Minuten

 Von Horgen-Oberdorf nach Sihlbrugg, 4 Minuten (□660)

 Von Sihlbrugg nach Sihlwald, 1 Stunde 30 Minuten

 Von Sihlwald (Halt auf Verlangen) nach Zürich, 27 Minuten (□712, S4)

 Umlad in Winterthur von 7.00 – 11.00 Uhr, in Sihlbrugg von 7.00 – 16.30 Uhr, Dienstag – Freitag. Mittwoch verkehrsschwach.

Aus zeitlichen Gründen ist es angezeigt, den Abrollcontainer-Transport nicht von Sihlbrugg nach Winterthur, sondern umgekehrt zu verfolgen. Mit der S-Bahn gelangen wir in wenigen Minuten von Winterthur zum Vorortsbahnhof Grüze. In unmittelbarer Nähe, an der Scheideggstrasse 50, befindet sich die Kehrichtverbrennungsanlage: Hier werden die per Bahn aus Sihlbrugg angelieferten Container von Lastwagen übernommen und zu den Öfen geführt.

Während die leeren Container via Rangierbahnhof Limmattal und Thalwil nach Sihlbrugg verschoben werden, wählen wir den Weg durchs Zürcher Oberland. Die wenig bekannte Bahnlinie führt vorerst durch das Tösstal hinauf und dann ab Gibswil der Jona entlang abwärts nach Rapperswil. Dort steigen wir um und sind in zwanzig Minuten in Meilen. Mit der Fähre überqueren wir den Zürichsee und gelangen nach einem kleinen Fussmarsch hinauf zur Station Horgen-Oberdorf an der Linie Zürich — Zug. Achtung: Horgen besitzt am See eine zweite Station an der Linie Zürich — Sargans.

Die Fahrt durch den Zimmerbergtunnel nach Sihlbrugg dauert nur vier Minuten. In Sihlbrugg bietet sich uns die Gelegenheit, den Umschlag der Kehrichtcontainer vom Lastwagen auf die Eisenbahn zu beobachten. Lastwagen bringen den Zuger Kehricht von Baar, wo er gesammelt, verdichtet und in die Container gepresst wird, hierher. Seit Mai 1986 werden in Sihlbrugg täglich bis zu 15 Container mit je 9 Tonnen Kehricht auf die Bahn verladen. Am Mittag und am Abend werden die Wagen nach Thalwil verschoben, wo sie an einen Güterzug angehängt und via Rangierbahnhof Limmattal nach Winterthur-Grüze gebracht werden. Dort treffen sie jeweils am Abend bzw. am Morgen ein.

Vom Bahnhof Sihlbrugg führt auf der gegenüberliegenden Strassenseite ein Weg direkt gegen den Albis hinauf. Nach etwa 100 Metern Aufstieg erreichen wir eine Strasse, der wir talabwärts folgen, bis wir vom Wegweiser rechts zur Station Sihlwald hinuntergewiesen werden.

Der Sihlwald, welcher der Stadt Zürich gehört, ist ein in dieser Art bisher einzigartiges Experiment. Der 10 Hektar grosse Wald mit seinen 310 000 Bäumen soll als Naturlandschaft erhalten werden. Auf die traditionelle Holznutzung wird darum bewusst verzichtet. Die Vegetation soll sich in ihrer ganzen natürlichen Vielfalt entwickeln können. Es ist geplant, den Werkbetrieb Sihlwald in eine forstliche Informationsstätte umzuwandeln. Bereits existiert die Sihlwald-Schule, die das Wissen über den Wald einer breiten Bevölkerung vermitteln will.

In Basel wird verladen
Huckepackterminal

Ferntransport auf Bahn oder Schiff, Feinverteilung auf dem Lastwagen: Kombi-Verkehr heisst der Schlüssel zur Bewältigung des Güterverkehrs der Zukunft. Der Basler Güterbahnhof Wolf ist einer der wenigen Orte der Schweiz, wo der Umlad von der Strasse auf die Schiene und umgekehrt stattfindet. Von hier verkehren die Huckepackzüge nach Spanien, Österreich, Belgien, Grossbritannien und Italien. Unser Ausflug verbindet die Besichtigung des Umschlagplatzes mit einem Bummel durch den Botanischen Garten Brüglingen beim St.-Jakob-Stadion.

Nahtstelle zwischen Strasse und Schiene

Hinter dem Basler Zeughaus findet nicht ein Trucker-Fest statt. Auch nicht eine Schönheitskonkurrenz für dicke Brummer. Hier wird hart gearbeitet: Lastwagen rollen von Eisenbahnwagen auf die Strasse herunter; Greifkran-Fahrzeuge heben Sattelanhänger wie Spielzeuge auf die Taschenwagen und Wechselbehälter auf die Eisenbahntragwagen; Portalkrane verschieben Container zwischen Lager, Strasse und Schiene.

Die Geschichte des kombinierten

Der Greifkran setzt einen Sattelanhänger auf einen Taschenwagen. (Foto: A. Arnold)

Dreimal huckepack...

Begleiteter Huckepack (Rollende Landstrasse)
Die Strassenfahrzeuge rollen über eine bewegliche oder feste Stirnrampe auf Niederflur-Eisenbahnwagen (Horizontalumschlag). Der Chauffeur fährt im Zug mit.

Unbegleiteter Huckepack: Sattelauflieger
Die Anhänger von Sattelschleppern werden von einem Greifzangenkran auf sogenannte Taschenwagen gehoben (Vertikalumschlag). Chauffeur und Zugfahrzeug reisen nicht mit. Als Taschen werden die Vertiefungen der Ladeflächen bezeichnet, in welche die Räder der Anhänger zu stehen kommen.

Unbegleiteter Huckepack: Wechselaufbauten
Wechselaufbauten von Lastwagen und Anhängern werden von einem Greifzangenkran auf Eisenbahntragwagen verladen (Vertikalumschlag). Strassenfahrzeug und Chauffeur reisen nicht mit.

Verkehrs in der Schweiz ist eng verbunden mit dem Namen HUPAC. Diese gemischtwirtschaftliche Firma, die zu rund einem Drittel den SBB gehört, wurde 1967 ins Leben gerufen. Dem Unternehmen gehören die speziellen Eisenbahnwagen, und von ihm werden auch Umschlagsanlagen betrieben. Für die Beförderung der

Züge hingegen sind allein die Bahnen zuständig. Die HUPAC betreibt ihr Geschäft zusammen mit ausländischen Partnerunternehmen wie der Ökombi in Österreich, der Cemat in Italien, der Trailtrans in den Niederlanden oder der Kombiverkehr in Deutschland. Die europäischen Kombi-Gesellschaften sind in der UIRR, der Internationalen Vereinigung der Huckepack-Gesellschaften, zusammengeschlossen.

Von der Rollenden Landstrasse zum Kombitrailer

Begonnen hat alles mit dem Kurzstrecken-Transport von ganzen Lastwagen auf der Rollenden Land-

... und einmal Chamäleon: Road-Railer

Was in Amerika als Road-Railer seit 15 Jahren funktioniert, hielt in Europa unter verschiedenen Namen (Trailertrain, Combitrans usw.) erst 1990 Einzug. In der Schweiz heisst das System Kombitrailer. Sattelanhänger verwandeln sich innerhalb von Minuten in Eisenbahnwagen, indem hinten und vorne ein Schienendrehgestell untergeschoben wird. Diese Transportart ist nicht nur effizienter als jede bisherige, die so entstandenen Eisenbahnwagen sind dank der grösseren Räder auch um einige Dezibel leiser als übliche Huckepackwagen.

strasse (zum Beispiel von Altdorf über den Gotthard nach Cadenazzo). Schon bald hat sich gezeigt, dass kurze Distanzen für den Huckepack ungeeignet sind. Der Aufwand an Zeit, vor allem für Auf- und Ablad, lohnt sich nicht. Das Angebot wurde darum auf immer entferntere Destinationen ausgedeht. Heute überzieht ganz Europa ein Netz von Huckepack-Linien, von Skandinavien bis nach Sizilien und von Spanien bis Ungarn.

Gezeigt hat sich aber auch, dass der begleitete Huckepack ökologisch und ökonomisch keine Förderung verdient. Mit den ganzen Lastwagen wird zuviel überflüssige Totlast herumgekarrt, und die Zeit der LKW-Fahrer ist zu teuer, um diese auf dem Zug mitfahren zu lassen. Die dicken Brummer erwiesen sich auch für viele Eisenbahntunnels — nicht nur in der Schweiz — als zu hoch, wenn sie auf Bahnwagen transportiert werden. Zur Vergrösserung der Tunnel-Querschnitte wären aber riesige Investitionen nötig, die sich kein Bahnunternehmen auf dem ganzen Netz von heute auf morgen leisten kann.

Die Huckepack-Gesellschaften begannen darum vermehrt in die unbegleiteten Formen des kombinierten Verkehrs zu investieren, in den Transport von Sattelanhängern und Wechselaufliegern. Diese machen heute schon fast überall die Mehrheit des Huckepack-Verkehrs aus. 1990 begannen in ganz Europa Versuche mit Fahrzeugen, die sowohl auf der Strasse als auch auf der Schiene verkehren können. Diese den amerikanischen Road-Railern abgeguckten Systeme benötigen keine Umladeeinrichtungen mehr. Die unnütz mitgeschleppte Totlast wird auf ein Minimum reduziert.

Dank Nachtsprung «just in time»

Seit Autobahnen den ganzen Kontinent überspannen, wird die Leistung der Bahn am Lastwagen gemessen. Wo Geschwindigkeit und Pünktlichkeit gefragt sind, hat die Eisenbahn Mühe mitzuhalten. Gerade das aber verlangt heute die Wirtschaft, die praktisch auf Vorratshaltung verzichtet und alle für Produktion oder Verkauf nötigen Güter immer genau zur richtigen Zeit, eben «just in time», geliefert haben will. Der Huckepack versucht, die Vorteile von Strasse und Bahn zu vereinen. Im sogenannten Nachtsprung befördert die Bahn Strassenfahrzeuge oder ihre Aufbauten über grosse Distanzen. Der Fahrer schläft im Begleitwagen oder fährt gar nicht mit. Am Morgen steht der Zug zur Entladung und Abholung im Ziel-Terminal bereit. Dabei werden nicht nur Zeit und Kosten gespart, auch die Umwelt wird entscheidend entlastet. Bereits planen die Kombi-Gesellschaften den Schienenverkehr mit Tempo 160. Heute gelten noch 120 km/h als Obergrenze.

Vom SBB-Bahnhof Basel zum Güterbahnhof Wolf, 15 Minuten

 Vom Zeughaus zum Fussballstadion St. Jakob, 5 Minuten (□ 100.00[08], Nr. 14 Richtung Muttenz/Pratteln)

Von der Haltestelle Dreispitz an der Münchensteinerstrasse via Aeschenplatz zum Bahnhof SBB, 15 Minuten (□ 100.00[08], Nr. 10 oder 11 bzw. ab Aeschenplatz Nr. 1, 4 oder 7)

 Feldstecher mitnehmen

 Botanischer Garten: täglich 8.00 Uhr bis Dunkelheit.
Kutschen- und Schlittensammlung: Mittwoch, Samstag und Sonntag, 14 – 17.00 Uhr.
Mühlemuseum: März bis September jeden letzten Samstag im Monat, 14 – 17.00 Uhr.

Den SBB-Bahnhof Basel verlassen wir am besten über die Passerelle Richtung Postgebäude. Durch die Postpassage gelangen wir auf die Peter-Merian-Strasse, in die wir nach links einbiegen. Nach hundert Metern zweigen wir rechts in die Nauenstrasse ab und gehen geradeaus weiter durch die Grosspeter- und St.-Jakobs-Strasse zum Güterbahnhof Wolf. Besonders erholsam ist der Spaziergang nicht, er vermittelt aber bereits einen ersten Eindruck von der grossen Bedeutung Basels als Güterumschlagplatz der Schweiz.

Es herrscht keine Hektik auf dem Gelände des Güterbahnhofs, aber ein emsiges An- und Wegfahren von

Ein Greifkran hebt den Tank-Aufbau eines Lastwagens wie ein Spielzeug.
(Foto: A. Arnold)

verschiedensten Lastwagen, Lastenzügen und Sattelschleppern. Da keine Trottoirs vorhanden sind und die Fahrer nicht mit Fussgängern auf dem Gelände rechnen, empfiehlt sich (vor allem, wenn Kinder dabei sind) eine Beobachtung aus sicherer Distanz. Der ideale Aussichtspunkt ist das Parkdeck auf dem Gebäude der Umschlags-AG. Mit einem Feldstecher kann man bestens beobachten, wie die Greif- und Portalkrane ihre Aufgabe verrichten, wie Container auf- und abgeladen und Züge rangiert werden.

Wer des Sehens müde ist, fährt vom angrenzenden Zeughaus (die Treppe zur Unterführung befindet sich im Gebäude der Umschlags-AG) mit dem Tram zum St.-Jakob-Stadion. Der Botanische Garten

Brüglingen ist mit 13 Hektar Fläche der grösste seiner Art in der Schweiz. Hier — direkt neben dem Stadion St. Jakob — fand 1980 auch die Gartenbauausstellung «Grün 80» statt. Neben verschiedensten Pflanzensammlungen birgt die herrliche Parkanlage auch ein Bienenhaus sowie eine Kutschen- und Schlittensammlung des Historischen Museums Basel. Das Spektrum der ausgestellten Wagen reicht vom eleganten Stadtcoupé bis zum achtplätzigen Jagdwagen. Im Mühlemuseum, eingerichtet in der Mühle des ehemaligen Gutshofes Brüglingen, kann der Technik-Interessierte das Funktionieren dieser alten Mühle studieren. Das Café in der zum Hof gehörenden Merian-Villa lädt zum Verweilen bei Kaffee und Kuchen ein.

Soviel Verkehr wie am Gotthard
Güterumschlag in den Basler Rheinhäfen

Die Basler Rheinhäfen setzen fast so viele Güter um, wie die Gotthardbahn im Transit durch die Schweiz befördert. Bei einem spannenden Spaziergang durch die Hafenanlagen von Kleinhüningen lernen wir das «Güter-Tor der Schweiz» kennen. Wir beobachten, wie Containerschiffe be- und entladen werden, wie Schleppboote Kähne manövrieren und Motorschiffe den Rhein hinauf- und hinuntertuckern. Ein ganz besonderes Erlebnis ist auf dem Rückweg zum Bahnhof die Querung des Rheins mit der Münsterfähre.

Der Oberrhein wird schiffbar gemacht

Für die «Baslerfahrt», die Schiffahrt zwischen Strassburg und Basel, begann das 20. Jahrhundert erst am 2. Juni 1904. Nachdem während rund 60 Jahren der Wasserweg der neuen Schienenkonkurrenz nicht mehr gewachsen war, eröffnete sich mit der Ankunft des ersten Schleppzugs im Basler Rheinhafen St. Johann eine neue Ära. In den folgenden Jahrzehnten beteiligte sich die Schweiz an verschiedenen Projekten zur Regulierung des Oberrheins. Durch den Bau von Schleusen, Kanälen und Dämmen wurden den Kähnen immer mehr Hindernisse aus dem Weg geräumt. Nach dem Hafen St. Johann am linken Rheinufer gleich an der französischen Grenze wurden zwischen 1919 und 1942 die Kleinhüninger Hafenanlagen erbaut. Zuletzt folgten 1937 – 1940 der Auhafen Muttenz und der Birsfelder Hafen, an denen hauptsächlich flüssige Treib- und Brennstoffe umgeschlagen werden. Seit 1946 werden die «Rheinhäfen beider Basel» gemeinsam verwaltet.

1922 überschritt die umgeschlagene Warenmenge erstmals die Millionen-Grenze. 1974 erreichte der Verkehr mit 9,3 Mio. Tonnen einen auch nachher nie mehr erreichten Höhepunkt. Das ist etwas mehr, als die Gotthardbahn 1986 im Transit durch die Schweiz beförderte. Über den Rheinhafen erfolgt vor allem die Einfuhr von Massengütern wie flüssige und feste Brennstoffe, Metalle und Schrott, Sand und Kies sowie Getreide und Futtergetreide. Die Einfuhr (Ankunft) überwiegt die Ausfuhr (Abgang) um mehr als das Dreissigfache.

Eiserne Hände bewegen Container

Den weitaus interessantesten Rundblick geniesst man auf der öffentlich zugänglichen Aussichtsterrasse auf dem Silo I der Schweizerischen Reederei Neptun AG am Kleinhüninger Hafenbecken I. Gleich gegenüber rollt fast lautlos ein riesiger Portalkran auf Schienen hin und her. Ein an einer Laufkatze aufgehängter Rahmen (Spreader) ergreift die

Blick von der Aussichtsterrasse über Kleinhüningen und die Basler ARA Richtung Weil
(Foto: A. Arnold)

schweren ISO-Container auf dem Lagerplatz und verstaut sie zentimetergenau im offenen Leib eines Containerschiffes. Bis zu sechs Container sind auf dem Lagerplatz übereinander gestapelt. Auf den grössten Motorschiffen können gegen 175 40-Fuss-Container transportiert werden. Die «Fahrgemeinschaft Container Oberrhein» fährt seit einiger Zeit fahrplanmässig dreimal pro Woche Containerschiffe zwischen Basel und Rotterdam hin und her. Damit setzt sich der Siegeszug der Container, der 1966 auf der Nordatlantik-Linie begann, auch in der Binnenschiffahrt fort. Die Kurs-Frachtschiffe geniessen an den Schleusen Vorfahrt vor den anderen Booten. Interessanterweise wird das neue Angebot — im Gegensatz zur üblichen Transportrichtung — hauptsächlich stromabwärts benützt.

Vom Schiff auf die Bahn

Fast zwei Drittel der in Basel ankommenden Güter werden mit der Bahn weiterspediert. Diesem Verkehr dienen die enormen Geleisefelder des Hafenbahnhofs, die vor allem rheinaufwärts entlang der Tankanlagen von Esso, BP und Migrol zu erblicken sind. Die Geleise sind direkt mit dem Verschubbahnhof der Deutschen Bundesbahn in Weil (am Ende des Hafenbeckens II) und dem Badischen Bahnhof verbunden. In den Häfen beider Basel sind insgesamt um die 100 Kilometer Geleise verlegt.

Das dem Kleinhüninger Hafen gegenüberliegende Rheinufer gehört übrigens bereits zu Frankreich, und mit dem Fernrohr sind bei günstiger Witterung auf dem Flughafen Basel-Mülhausen Flugzeuge auszumachen.

Schiffahrts-Ausstellung

Am Südende des Neptun-Gebäudes, auf dem sich die Aussichtsterrasse befindet, bietet ein kleines Museum einen äusserst interessanten und lehrreichen Überblick über die Geschichte der schweizerischen Rhein- und Hochseeschiffahrt. Modelle, Bilder und Pläne von Schiffen, Ausrüstungsgegenstände, Grafiken über Verkehr und Güterströme und vieles andere mehr dokumentieren «unseren Weg zum Meer». Wehmütig stimmt einen eine Karte, welche den alten Verlauf des Rheins von Basel bis zu Meer darstellt: Unzählige seichte Arme, unzählige idyllische Inselchen wies der heute gezähmte, eingedämmte und für die Schiffahrt und die Anlieger gesicherte Strom noch vor 200 Jahren auf. Ein Paradies für Fische und Vögel muss Vater Rhein gewesen sein!

Falls das Wetter draussen zu kalt oder zu nass ist, lässt sich der Hafen hier am Modell studieren.

Am unteren Ende des Hafenbeckens I, am sogenannten Dreiländereck mit dem nicht mehr ganz frisch wirkenden, 20 Meter hohen Pylon, lädt ein Gartenrestaurant zum Ausruhen ein. Genau genommen stossen Deutschland, Frankreich und die Schweiz allerdings erst rund 150 Meter weiter unten mitten im Rhein zusammen. Das Wendebecken verbindet die beiden Hafenbecken mit dem Fluss.

Ein Portalkran setzt einen Container auf ein Motorschiff ab. (Foto: Th. Waldmeier)

Ein Motorschiff wird an den Quai manövriert. (Foto: Thomas Waldmeier, Basel)

Die Rheinflotte

Schiff ist nicht gleich Schiff. Die Regel sind heute Motorschiffe, die sogenannten Selbstfahrer mit einer Tragfähigkeit von 300 bis 3000 Tonnen und einer Triebkraft von 200 bis 1500 kW. Sie sind schneller und beweglicher als die Schleppzüge, bei denen ein starker Schlepper bis zu acht Schleppkähne hinter sich herzog. Auf dem Rhein wird die Schleppschiffahrt seit 1975 fast nicht mehr betrieben. Dagegen sind nach wie vor Schubverbände anzutreffen: Ein Schubboot stösst bis zu sechs Bargen (Schubleichter) vor sich her. Eine besondere Form der Schubleichter sind die Trägerschiffleichter, praktisch schwimmende Container, die nur in der Binnenschiffahrt im Wasser liegen. Für die Überquerung des Ozeans werden sie von den grossen Brüdern im Känguruh-System transportiert, ohne dass ihr Inhalt umgeladen werden muss. Neben den Güterschiffen besitzt die schweizerische Rheinflotte eine Anzahl Fahrgastschiffe sowie Feuerlöschboote, Saugbagger, Wasserbau-, Werkstatt-, Magazin- und andere Spezialschiffe bis hin zum Partyschiff. Insgesamt zählt sie 260 Schiffe.

Hafenrundgang und Stadtbesichtigung

 Von Zürich (1 Stunde), Olten (30 Minuten) oder Biel (2 Stunden) nach Basel SBB (□700, □500, □230)

 Vom Bahnhof zum Aeschenplatz (10 Minuten)

 Vom Aeschenplatz zur Endstation Kleinhüningen, 18 Minuten (□100.00[08], Nr. 14)

 Über das Flüsschen Wiese und diesem entlang abwärts zum Hafen, 10 Minuten

Über Uferstrasse, Unterer und Oberer Rheinweg flussaufwärts bis zur Münsterfähre, 30 Minuten

 Vom Oberen Rheinweg zur Pfalz, 5 Minuten

 Von der Pfalz via Münsterplatz, Münsterberg, Freie Strasse, Elisabethen-Strasse, Elisabethen-Anlage zum Bahnhof SBB, 25 Minuten

 Die Basler Personenschiffahrts-Gesellschaft führt — allerdings nur seltene — Hafenrundfahrten durch. Auskunft: Tel. 061/25 24 00.

Unsere Basler Stadt- und Hafenwanderung beginnt beim Bahnhof SBB, den wir durch den Hauptausgang verlassen. Nach der Bahnfahrt lockern ein paar Meter zu Fuss bis zum Aeschenplatz unsere erstarrten Muskeln (geradeaus via Aeschengraben). Das Tram Nr. 14 fährt uns anschliessend durch die Altstadt zur Mittleren Rheinbrücke und von dort durch neuere Quartiere direkt zum Hafen Kleinhüningen (Endstation). Hier überqueren wir die Wiese, das kleine Flüsschen aus dem Schwarzwald, und folgen ihm abwärts zu den Hafenanlagen.

Die Hafenanlagen stehen dem Publikum zur freien Besichtigung offen. Zum eigenen Vorteil hält man sich dabei aber an das Verbot, Bahnanlagen, Schiffe und Umschlagplätze zu betreten. Faszinierend ist ein Rundgang rund um die beiden Hafenbecken, vorbei an den zahlreichen Portalkranen, Lagerhäusern, Tanklagern und Umschlagplätzen, aus denen uns der Duft der weiten Welt entgegenschlägt, die sich hier gleichsam auf kleinstem Raum versammelt hat: Kohle aus Polen, Getreide aus den USA, Kaffee aus Brasilien, Öl aus dem Nahen Osten...

Ausser am Wochenende herrscht hier den ganzen Tag über reger Verkehr. Nur die Schiffe bewegen sich für unsere am Auto orientierten Sinne langsam und vorsichtig, wenn auch nicht ohne Lärm. Nicht zu unterschätzen sind die Distanzen: Die beiden Hafenbecken sind je rund 600 Meter lang.

Den besten Überblick hat man von der Aussichtsterrasse auf dem Silo der Schweizer Reederei und Neptun AG an der Hafenstrasse, in deren Gebäude sich auch die Schiffahrtsausstellung befindet. Am Dreiländereck, das wir dem Rheinquai entlang auf einem Fussweg, vorbei an den Landestegen der Basler Personenschiffahrts-Gesellschaft (BPG) und vorbei an Werkstattschiffen erreichen, lässt sich in aller Ruhe das Treiben auf und am Wasser beobachten.

Als Rückweg zum Bahnhof empfiehlt sich die Uferstrasse, die auf der einen Seite von Quaianlagen, auf der andern von Tanklagern gesäumt ist. Am Uferplatz mündet sie in den Unteren Rheinweg, der von der Mittleren Rheinbrücke an durch den Oberen Rheinweg fortgesetzt wird. Beide Wege sind mehr oder weniger verkehrsfrei und mit Alleebäumen bestanden. Nach rund zweieinhalb Kilometern kommen wir so zur Münsterfähre, die wie die andern Rheinfähren Musterbeispiel eines ökologischen Verkehrsmittels ist: Ohne grossen technischen Aufwand und ohne Umweltverschmutzung wird auf einfachste Art die Kraft des fliessenden Wassers als Antrieb genutzt.

Nach einem steilen Aufstieg vom Landeplatz an der Pfalz zum 1000-jährigen Münster mit den zwei unterschiedlich gestalteten Türmen sind wir in einer Viertelstunde zurück am Bahnhof SBB. Wer auch noch den Auhafen Muttenz und den Birsfelder Hafen besuchen möchte, kommt mit dem Bus Nr. 70 ab Aeschenplatz dorthin.

Am sicheren Draht ans andere Ufer
Flussfähren als Brückenersatz

Die Fähre, die das solothurnische Wolfwil mit der Berner Gemeinde Wynau über die Aare verbindet, zählt zu den letzten historischen Flussfähren der Schweiz. Seit dem 12. Jahrhundert werden Menschen, Tiere, Schmuggelgut und neuerdings auch Fahrräder über den fast hundert Meter breiten Fluss geführt.

Weidlinge — das älteste Verkehrsmittel der Flüsse

Schon zur Römerzeit (50 v. Chr. — ca. 300 n. Chr.) herrschte auf einigen Schweizer Flüssen und Kanälen ein reger Warenverkehr. Die flachen, bis zu 15 Meter langen Holzweidlinge dienten hauptsächlich dem Warentransport und konnten zum Teil Ladungen von mehr als 10 Tonnen aufnehmen. So gelangten zum Beispiel gelbe Savonier-Steine über den Neuenburgersee nach Avenches, der römischen Hauptstadt Helvetiens. Während auf den Seen vor allem Segel und Ruder als treibende Kraft verwendet wurden, übernahmen auf den schiffbaren Flussläufen bis ins 19. Jahrhundert die Pferde und Schiffszieher diese Funktion.

Die ersten Fähren, die in der Schweiz zwei Ufer eines Flusses regelmässig miteinander verbanden, sind aus dem späteren Mittelalter (12. — 13. Jahrhundert) bekannt. Damals allerdings noch ohne das sichernde Gierseil, das kräftesparend wirkte und den daran hängenden Weidlingen den Übergang ohne Stemmen und Rudern ermöglichte.

Die Aare, ein Hindernis auf dem Weg nach Rom

Seit der Mitte des 12. Jahrhunderts, nach der Gründung eines Augustinerstiftes im luzernischen St. Urban, gelangten jedes Jahr zahlreiche Pilger auf ihrem Weg nach Rom ins damalige «Wolfwilen» an der Aare. Hier mussten sie den Fluss überqueren, bevor sie ihre Reise zum neuen Kloster, nach Beromünster und über den St. Gotthard weiterführen konnten. In späteren Jahrhunderten gab der Fährbetrieb Anlass zu Reibereien mit den Berner Behörden: Von Wolfwil aus wurden Waren und unerwünschte Personen ohne jede Kontrolle über die Kantonsgrenze befördert, was vor allem die Brückenzolleinnahmen des Aarwangener Vogtes beeinträchtigte. Die Auseinandersetzungen fanden erst nach jahrzehntelangem Kleinkrieg ein Ende.

Im Laufe des 19. Jahrhunderts entstanden auch in Aarburg, Fulenbach und Staad Brücken, welche den jeweiligen Fährbetrieben ein Ende setzten. Für die Wolfwiler war der Umweg über die Holzbrücke von Murgenthal oder die Brücke von Aar-

Konzessionen und Aufsichtspflicht

Die Flussfähren waren früher dem Eidgenössischen Amt für Verkehr (heute: Verkehrs- und Energiewirtschaftsdepartement) unterstellt. Dieses liess die bestehenden Konzessionen für die gewerbemässige Nutzung der öffentlichen Gewässer nach dem Zweiten Weltkrieg allmählich auslaufen und übergab die Aufsicht den Kantonen. So erhob der Kanton Solothurn für die Wolfwiler Fähre anfangs einen jährlichen Betrag von 20 Franken, verzichtete dann aber schon vor rund zwei Jahrzehnten darauf. Einige Kantone wissen allerdings noch heute nicht — oder nicht mehr — von ihrer Aufsichtspflicht über die Fähren!

Einen Lehrgang für den Beruf des Fährmannes — oder der Fährfrau — gibt es nicht, doch führen mehrere Kantone Prüfungen durch oder verlangen einen Fähigkeitsausweis, der durch einen zuständigen Verein ausgestellt wird.

wangen bis zum Zeitalter der wachsenden Motorisierung sehr zeitraubend, und die Fähre wurde rege benutzt. Doch schon in den sechziger Jahren unseres Jahrhunderts fuhren nur noch wenige Einheimische mit der Fähre zur Arbeit, und heute überqueren fast ausschliesslich Ausflügler und Schulklassen mit diesem historischen Verkehrsmittel die Aare.

Teures Holz kaum mehr gefragt

Obwohl die hölzernen Weidlinge in Wolfwil jeden Winter aus dem Wasser genommen und überholt werden, beträgt ihre Lebensdauer meist weniger als zehn Jahre. Der heutige Fährmann, Amadé Ackermann, erinnert sich noch, wie sein Vater alle sieben bis acht Jahre in den Wald ging und eine möglichst hohe, im unteren Teil astlose Tanne schlagen liess. Nach zwei Jahren Lagerzeit stellten zwei Zimmerleute aus dem Dorf innerhalb von drei Tagen einen neuen Weidling her. Heute ist gutes Holz für den Bau der herkömmlichen Flussfähren in der Schweiz mangels Nachfrage zur Seltenheit geworden. Seit Anfang der sechziger Jahre wurden die hölzernen Weidlinge in der Schweiz nach und nach durch Kunststoff- und Leichtmetallboote ersetzt. Die Waldmeier AG in Mumpf ist heute der einzige private Betrieb der Schweiz, der noch regelmässig Holzweidlinge herstellt. Hier wurde auch die letzte Basler Fähre aus besonders widerstandsfähigem Arvenholz gebaut.

Seit einigen Jahren setzt sogar das ansonsten eher an Traditionen hängende Eidgenössische Militärdepartement (EMD) beim Bau neuer Weidlinge nur noch auf Kunststoff. Mit diesem Wandel wurde es immer schwieriger, das für den Bau der Fährschiffe notwendige, speziell verarbeitete Holz zu beschaffen. Im Frühjahr 1985 mussten die zehn Meter langen, astfreien Planken für den Bau der neuesten Wolfwiler Fähre bei der Konstruktionswerk-

geplanten Ausbau des Wynauer
Flusskraftwerkes wird die Wasserführung der Aare deutlich schwinden.
Die Betreiber des Kraftwerkes
mussten sich zwar dem Solothurner
Staat gegenüber verpflichten, die
Wasserführung der Aare so zu regu-
lieren, dass die Fähre an beiden
Ufern die bestehenden Anlegestellen
mühelos erreichen kann. Gegner und
Befürworter des Kraftwerkausbaus
streiten sich aber, ob die geforderte
minimale Wassermenge genügen
wird.

Die alte Glocke vor dem Wolfwiler «Fährihus», die früher vom Wynauer Ufer aus
betätigt werden konnte, musste moderner
Technik weichen. Heute kann man sich
per Knopfdruck bemerkbar machen.
(Foto: J.-F. Steiert)

Literatur:
Kölliker, Arnold: Rund um die Fähre von
Wolfwil. In: Oltner Tagblatt, 13. April 1973.
Kunz-Jeker, A.: Die Fähre von Wolfwil. In:
Heimat und Volk, Montagbeilage zum
Oltner Tagblatt, Juli/August 1961.

stätte des EMD in Thun erstanden
werden, wo sich Spezialisten wei-
terhin um den Unterhalt der alten Ar-
meeweidlinge kümmern.

Die Tannenlatten werden im Gegensatz zu früher nicht mehr oberflä-
chenbehandelt, denn dies verhindert
ein Faulen der Kerne nicht, sondern
sie werden druckimprägniert. Dank
diesem neuen Verfahren können die
beiden Gemeinden Wolfwil und
Wynau hoffen, dass die von ihnen fi-
nanzierte, 15000 Franken teure Fähre
erst im nächsten Jahrtausend ersetzt
werden muss. Eine Gefahr für das
Weiterbestehen der Fähre droht hingegen von anderer Seite: Mit dem

Gemütliche Weidlingsfahrt über die Aare

 Von Olten nach Wolfwil (Haltestelle Post), 22 Minuten (□500.48)

 Von der Haltestelle Wolfwil-Post zur Anlegestelle der Fähre, 10 Minuten

 Über die Aare, Dauer der Überfahrt: einige Minuten bis ... (s. Wanderbeschrieb). Die Fähre ist von Ostern bis zum 1. November in Betrieb.

 Von der Anlegestelle auf der Berner Seite zum Bahnhof Roggwil-Wynau, 40 Minuten

 Mit der Bahn von Roggwil-Wynau nach Olten (15 Minuten) oder Bern (52 Minuten) (□450)

In Wolfwil steigen wir aus dem Postauto und gehen auf der Hauptstrasse rund fünfzig Meter in Richtung Oensingen. Wir verlassen die Strasse nach links und folgen dem gut markierten Weg zwischen Gärten und auf Holzbrettern über einen Bach bis zur alten, schon in spätmittelalterlichen Quellen erwähnten Wolfwyler Mühle. Nach einer scharfen Rechtskurve sehen wir rechts bereits das «Fährihus», wo der pensionierte SBB-Beamte Amadé Ackermann wohnt und auf Kunden wartet, wenn er nicht gerade auf seinem Hausfluss unterwegs ist. Die Anlaufstelle der Fähre liegt nur einige Meter unterhalb des Hauses. Sobald alle Fahrgäste Platz genommen haben, stösst die Fähre ab, und Amadé Ackermann — bisweilen auch seine Kinder oder Grosskinder — bestimmt mit dem Steuer die Geschwindigkeit. Die Überfahrt kann je nach Wunsch der Passagiere bis zu einer Stunde oder mehr dauern. Es gibt Gruppen, die auf der stillstehenden Fähre in der Mitte der Aare einen Aperitif trinken. Solche Spezialfahrten sind aber nur nach Voranmeldung möglich.

Fähre Wolfwil (Foto: Reinhard Lutz, Zürich)

Von der Anlegestelle auf der Wynauer Seite folgen wir auf dem Wanderweg dem Aareufer flussabwärts, wo Freizeitsportler, Naturfreunde und Erholungssuchende gleichermassen auf ihre Rechnung kommen. Schon bald gelangen wir zum alten Dorfteil von Wynau mit der romanischen Kirche aus dem zwölften Jahrhundert. Nach einem kurzen Stück entlang der Hauptstrasse zweigen wir am Dorfausgang auf den Fussweg ab, der uns zum Bahnhof Roggwil-Wynau führt.

Unabhängig von Wind und Strömung
Mit Dampf über den Greifensee

Der Wunschtraum aller Seefahrer, unabhängig von Wind und Strömung mit ihrer Flotte über das Wasser zu gelangen, ging mit der Dampfmaschine in Erfüllung. Der Engländer Jonathan Hull entwickelte 1736 das erste mit Dampf angetriebene Schiff. Dadurch ergaben sich neue und kürzere Handelswege, und entlegene Gegenden konnten verkehrsmässig erschlossen werden. Die «Greif», das älteste Dampfschiff der Schweiz, führt heute keine Waren mehr über den Greifensee zum Markt, sondern bietet beruhigende, erholsame Vergnügungsfahrten an.

Keine Segel mehr für die Frachter

Die Verwirklichung der Seefahrerträume, ihre Schiffe wetterunabhängig an den Bestimmungsort zu bringen, nahm ihren Anfang mit der Erfindung des ersten Dampfschiffes durch den Engländer Jonathan Hull. Seine Idee war, mittels einer atmosphärischen Dampfmaschine das am Heck des Schiffes angebrachte Schaufelrad in Bewegung zu setzten — eine Konstruktion, wie wir sie in modernerer Form bis in unsere Zeit kennen.

Die amerikanischen Schiffbauer Robert Fulton und Robert Livingston erkannten rechtzeitig den technischen und wirtschaftlichen Nutzen der Dampfmaschine. Gemeinsam bauten sie von 1765 bis 1815 ein Dampfschiff unter dem Namen «North River», mit der Absicht, den ersten Schiffahrtsverkehr auf dem Hudson River aufzunehmen. Als Antriebskraft liessen sie sich aus England eine Niederdruck-Balancier-Maschine von Boulton und Watt kommen, den damals einzigen Dampfmaschinenbauern, deren Konstruktionen als zuverlässig galten.

Das Gelingen dieses Unternehmens verbreitete sich wie ein Lauffeuer über die ganze Welt. Bereits 1817 lief das erste deutsche Dampfschiff, «Die Weser», vom Stapel. Nun brach auf allen Gewässern ein wahrer Dampfschiffahrtsboom aus, der noch heute fasziniert.

Die Metamorphose eines Dampfers

Die «Greif», das älteste Dampfschiff der Schweiz, kreuzt heute als einziges mit Kohle angetriebenes Schiff noch regelmässig auf dem stillen, verträumten Greifensee. Der geschichtliche Wellengang dieses Dampfers ist bald 100 Jahre alt: Auf Anregung des Gemeindevereins Maur wurde am 20. April 1890 die «Dampfschiffahrtsgesellschaft für den Greifensee» gegründet. Schon vierzehn Tage später kaufte die Gesellschaft aus dem Besitz der Kaiserin Eugénie, der Witwe

179

Napoleons III. ein geeignetes Dampfschiff vom Bodensee. Unter Feuerwerk wurde am 4. Mai mit der «Delphin» die gewinnversprechende Dampfschiffahrt aufgenommen, der jedoch keine lange Dauer beschieden war. Am 3. April 1892 kenterte das mit Passagieren überladene Schiff und sank innerhalb von einer Minute auf den Grund. Der tragische Unfall forderte vier Menschleben. Obwohl das Dampfschiff geborgen, instand gestellt und auf den Namen «Möve» umgetauft wurde, war das Vertrauen der Bevölkerung in das Dampfschiff verloren. Durch die Wiederaufnahme des Ruderbootbetriebs auf der Strecke Maur — Uster sank die Fahrgast-Frequenz derart, dass die Gesellschaft finanziell arg in Bedrängnis geriet. Private und Anliegergemeinden griffen dem Unternehmen jedoch unter die Arme, so dass es bei Escher Wyss & Cie. in Zürich ein neues Dampfschiff in Auftrag geben konnte, die «Greif», die am 12. Oktober 1895 ihren Betrieb aufnahm.

Infolge der grossen Kohlenot im Ersten Weltkrieg musste der Betrieb nach 19 Jahren reduziert und teilweise eingestellt werden. Das bedeutete das Ende der romantischen Dampfschiffahrt auf dem Greifensee. Die «Möve» wie die «Greif» wurden aus rationellen Gründen zu Motorschiffen umgebaut.

Der Zufall wollte es, dass 1979 die Original-Dampfmaschine des 1895 erbauten Kleindampfers «Greif» wiedergefunden wurde. Sie war in einem Dampfbagger eingebaut. Nach gründlicher Restaurierung anhand der Originalpläne von Escher Wyss & Cie. fährt die «Greif» seit dem 3. September 1988 wieder in ihrem ursprünglichen Zustand.

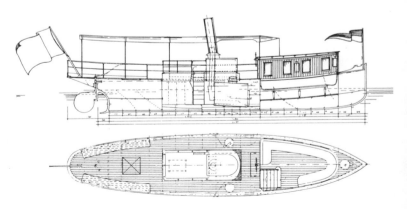

Nach den Originalplänen hat Charlotte Kunz diese Umzeichnung des ältesten Dampfschiffes der Schweiz hergestellt. (Ausschnitt: Stiftung Restaurierung DS «Greif»)

Kreuzfahrt am Rande des Naturreservats

 Von Zürich HB nach Stettbach, ca. 6 Minuten (□691)

 Von Stettbach nach Maur See, 20 Minuten (□740.15. ZVV Linie 743)

 Rundfahrt auf dem Greifensee, ca. 1 Stunde (□2740). Die «Greif» fährt ausschliesslich am Sonntag, und zwar ab 13.30 Uhr im Halbstundentakt

 Von Maur See wieder zurück nach Stettbach, ca. 20 Minuten (□740.15. ZVV Linie 743)

 Von Stettbach nach Zürich HB, ca. 6 Minuten (□691)

 Jeden Freitagabend serviert die Schiffahrtsgesellschaft ihren Passagieren Raclette und jeden Sonntag ein reichhaltiges Frühstück. Ausgangspunkt der Fahrt ist jeweils Maur, Dauer der Fahrt: ca. 1—1 1/2 Stunden. Die Sitzplatzreservation ist unerlässlich! Auskunft: Schiffahrts-Genossenschaft Greifensee, Tel. 01/980 01 69.

Mit der S-Bahn geht es zunächst von Zürich HB nach Stettbach. Unmittelbar neben dem Bahnhof befindet sich die Bushaltestelle, von wo uns der Bus ins Obere Glattal, bis zur Endstation in Maur am Greifensee bringt. Der Greifensee, bekannt durch Gottfried Kellers Novelle «Der Landvogt von Greifensee», blieb dank der 1941 erlassenen Schutzverordnung durch den Regierungsrat als Naherholungsgebiet inmitten einer grossen Agglomeration erhalten. Beinahe das ganze Ufer ist unverbaut, so dass sich selbst die Schilfgebiete am unteren und oberen Ende des Sees fast beliebig ausdehnen konnten. Im Röhricht haben sich die verschiedensten Vogelarten wieder oder immer noch eingenistet. Zum Beispiel der Teichrohrsänger, der sein Nest zwischen ein paar Schilfhalmen aufhängt, oder der Graureiher, der wie versteinert im Schilf auf Beute lauert, oder der schwarze Milan, der während der Brutzeit Nahrung für seine Jungen aus dem See fischt. Wer aufmerksam beobachtet, entdeckt noch andere Seltenheiten aus der Vogelwelt. Es empfiehlt sich, ein Fernglas auf die Rundfahrt mitzunehmen.

Am Ufer hinter dem Schilf ist eine ungewöhnlich reichhaltige und seltene Flora vertreten: die blaue, sibirische Schwertlilie, zahlreiche Orchideenarten, darunter die sehr seltene Sumpforchis, sowie fleischfressende Pflanzen wie Sonnentau und Fettkraut. Wer nach der Schiffahrt noch Zeit hat, sollte sich einen Spaziergang dem Ufer entlang nicht entgehen lassen. Man achte aber bitte darauf, die abgegrenzten Uferschutzgebiete nicht zu betreten.

Für die Rückreise nehmen wir wieder den Bus von Maur See nach Stettbach, von wo es mit der Bahn zurück nach Zürich HB geht.

Die «Greif» kreuzt heute als ältestes und einziges mit Kohle befeuertes Dampfschiff der Schweiz auf dem Greifensee. (Foto: Atelier Meyle, Uster)

Zweites Leben für Schaufelräder
Dampfschiffahrt auf dem Vierwaldstättersee

Die Dampfschiffe, die im letzten Jahrhundert noch als Symbole des technischen Fortschritts galten, verloren nach dem ersten Drittel unseres Jahrhunderts auf den Schweizer Seen nach und nach an Bedeutung. Die vollständig renovierten Schaufelraddampfer des Vierwaldstättersees, auf welchem heute die grösste Dampfschiffflotte Europas verkehrt, verdanken ihr zweites Leben dem wachsenden touristischen Interesse der sechziger und siebziger Jahre unseres Jahrhunderts.

Die Dampferflotte des Vierwaldstättersees

Ende des 18. Jahrhunderts läutete die Wattsche Dampfmaschine das Industriezeitalter ein. Nur einige Jahrzehnte später wurde das erste Verkehrsmittel in der Schweiz mit dieser englischen Erfindung ausgestattet: 1823, ein Vierteljahrhundert vor der Spanisch-Brötlibahn, verkehrte der Dampfer «Guillaume Tell» auf dem Genfersee.

Auf dem Vierwaldstättersee trat der erste Dampfer erst am 24. September 1837 seine Jungfernfahrt an. Die von Escher Wyss in einer improvisierten Werft gebaute «Stadt Luzern[I]», die über eine 150-PS-Dampfmaschine verfügte, wurde einige Monate später mit einem Mast versehen, um bei günstigen Windverhältnissen die noch wenig leistungsfähige Maschine zu unterstützen. Im Vergleich zu den Rudernauen war das neue Schiff auf der Strecke Luzern — Flüelen fast viermal schneller.

Bis zur Jahrhundertwende wurden auf dem Vierwaldstättersee 16 weitere Schaufelrad- und 7 Schraubendampfer in Betrieb gesetzt. Die «Stadt Luzern[III]», das letzte Dampfschiff, das für einen Schweizer See gebaut wurde, lief 1928 vom Stapel. Die neuen Dieselmotoren verdrängten danach mehr und mehr die Dampfmaschinen. Erst mit dem wachsenden touristischen Interesse der letzten beiden Jahrzehnte gewann die Dampfschiffahrt wieder an Bedeutung. Fünf Dampfer wurden vollständig revidiert und werden heute fahrplanmässig eingesetzt.

Das Wahrzeichen Schaufelrad

Mit Ausnahme von fünf kleinen Passagier- und Transporteinheiten sowie zwei Trajektschiffen, die über einen Schrauben- oder Propellerantrieb verfügten, wurden alle Dampfer auf dem Vierwaldstättersee mit Schaufelrädern ausgerüstet. Diese waren bei den meisten europäischen und bei sämtlichen Vierwaldstättersee-Schaufelraddampfern im Gegensatz zu den berühmten Mississippi-

DS Schiller bei seiner zweiten Jungfernfahrt im April 1977, nach einer vollständigen Sanierung (Foto: R. E. Hopfner, Stansstad)

Dampfern nicht offen am Heck angebracht, sondern in doppelter Ausführung beidseitig unter schützenden, anfangs aus Holz gefertigten Radkästen.

Die Räder der ersten Dampfer zählten acht bis achtzehn meist starre Holzschaufeln, die ab Ende der achtziger Jahre nach und nach durch Eisenschaufeln ersetzt wurden. Vor allem in den ersten Jahren waren sie der starken Beanspruchung oft nicht gewachsen: So mussten die Räder der «Stadt Luzern¹» bereits im zweiten

Immer grössere und wirksamere Schaufeln

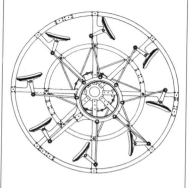

Im unteren Viertel des Schaufelrades, das bei voller Beladung im Wasser steht, bleiben die beweglichen Schaufeln stets senkrecht und erreichen so ihre grösste Wirkung. Der Wirkungsgrad ist gegenüber den festen Schaufeln der früheren Dampfer um fast 20 Prozent höher. Die Fläche der Schaufeln wurde immer grösser: Sie betrug bei den ersten Vierwaldstättersee-Dampfern noch weniger als einen Quadratmeter; heute erreichen die Schaufeln der «Stadt Luzern» eine Fläche von 2,32 m². (Abb.: Schiffahrtsgesellschaft des Vierwaldstättersees)

Wasser ein und erreichen so ihre grösste Wirkung. Bei niedriger Geschwindigkeit ist dies dank der Gucklöcher in den Radtambourtüren gut sichtbar.

Von den fünf Schaufelraddampfern der Vierwaldstättersee-Flotte besitzt die 1928 vom Stapel gelaufene «Stadt Luzern[III]» die grössten Räder, mit einem Durchmesser über die Schaufeln von 4,46 Metern. Trotzdem bleibt die 1913 gebaute «Gallia» mit ihren mehr als 50 Zentimeter kleineren Rädern der schnellste Raddampfer Europas: Sie erreichte bei einer Probefahrt eine Geschwindigkeit von 31,5 km/h.

Literatur:
Liechti, E.; Meister, J.; Gwerder, J.; Jeanmaire, C.: Schiffahrt auf dem Vierwaldstättersee, Archiv 21, Villigen 1974.

Betriebsjahr verstärkt werden. Heute haben die Schaufelräder der fünf noch in Betrieb stehenden Vierwaldstättersee-Dampfer jeweils acht bewegliche Eisenschaufeln. Diese tauchen dank einem speziellen Mechanismus immer senkrecht ins

Gersau — Vitznau auf ungewohntem Pfad

 Von Luzern nach Gersau, ca. 1 Stunde 30 Minuten bis 2 Stunden (□2600)

 Von Gersau nach Obergschwend, 20 Minuten (□600.24)

 Von Obergschwend nach Rigi-Scheidegg, 8 Minuten (nicht im Fahrplan, fährt alle 30 Minuten; Revision jeweils während 3—4 Wochen nach dem Weissen Sonntag)

 Von Rigi-Scheidegg nach Hinterbergen (ca. 1 Stunde 30 Minuten)

 Von Hinterbergen nach Vitznau, 5 Minuten

 Von Vitznau nach Luzern, ca. 1 Stunde (□2600)

 Wanderschuhe

Unsere Wanderung führt uns auf ruhigen Wegen vom Aussichtspunkt Rigi-Scheidegg ins klimatisch privilegierte Vitznau.

Von der Bergstation der Seilbahn wandern wir auf breitem Weg unterhalb des Scheidegg-Gipfels bis zur Einsenkung des Hinterdossen. Hier zweigen wir links ab und gelangen auf dem «Seeweg» bis zu einem Brunnen. Dieses Wegstück bietet eine herrliche Aussicht auf die Urner und Unterwaldner Alpen. Wir verlassen nun den «Seeweg» und steigen zur Alp Gletti ab. Ein steiler Pfad führt uns über Wiesen und einem Wald entlang bis zur Strasse nach Hinterbergen. Auf ihr erreichen wir die Bergstation der privaten Seilbahn Vitznau — Hinterbergen, die ganzjährig von Wanderern benutzt werden kann. Von Vitznau aus führt uns ein weiteres Dampfschiff nach Luzern zurück.

Auf dem Bodensee schwimmen zwei ganz besondere Schiffe: Dank eines Voith-Schneider-Antriebs können sich die beiden Autofähren «Romanshorn» (SBB) und «Friedrichshafen» (DB) nicht nur um die eigene Achse drehen, sondern auch seitwärts bewegen. Für Schiffslatein-Analphabeten bieten die symmetrisch gebauten Fähren zudem den Vorteil, dass Heck und Bug nicht unterschieden werden müssen.

Der Voith-Schneider-Antrieb

Die meisten Schiffe werden von einem waagrechten Propeller am Heck angetrieben und durch ein Steuerruder auf Kurs gehalten. Für Schiffe, die besonders genau manövrieren müssen, genügt dies aber nicht. Schon 1928 erfand daher der Wiener Ingenieur E. Schneider einen neuartigen Schiffsantrieb, der von der deutschen Firma J. M. Voith in Heidenheim weiterentwickelt wurde: Auf der Unterseite des Schiffsrumpfes dreht sich ein grosses Laufrad um eine senkrechte Achse. Aus

Ein Voith-Schneider-Antrieb wird durch den Schiffsrumpf an seinen Einsatzort gehievt. (Foto: SBB)

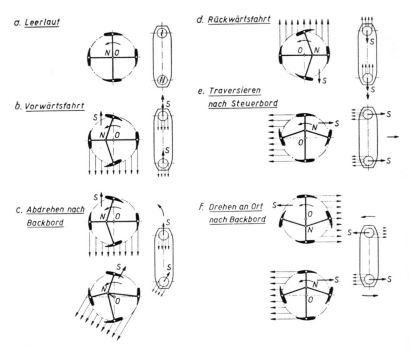

a. _Leerlauf_

d. _Rückwärtsfahrt_

b. _Vorwärtsfahrt_

e. _Traversieren_
nach Steuerbord

c. _Abdrehen nach_
Backbord

f. _Drehen an Ort_
nach Backbord

So wird ein Schiff mit zwei Voith-Schneider-Antrieben gesteuert: Die Lage des Steuerpunktes bestimmt die Stellung der Flügel und damit die Richtung des Schub erzeugenden Wasserstrahls. (Zeichnung: SLM, Winterthur, Foto: Schweiz. Landesbibliothek)

diesem ragen spatenartig vier Flügel senkrecht ins Wasser. Sie lassen sich ihrerseits um ihre senkrechte Achse drehen.

Wenn alle Flügel denselben Anstellwinkel gegenüber der Kreisbahn des Laufrades hätten, würden sich die Kräfte, die sie in Wechselwirkung mit dem Wasser ausüben, aufheben. Um einen Schub in eine bestimmte Richtung zu erzeugen, muss daher der Anstellwinkel der Flügel während jeder Umdrehung laufend verändert werden. Und zwar so, dass an der gleichen Stelle des Umlaufs jeweils alle Flügel die gleiche Stellung aufweisen. Dafür sorgt ein Gestänge, dessen Zentrum durch zwei senkrecht zueinander stehende, druckölgesteuerte Servomotoren in jede beliebige, vom Zentrum des Laufrades abweichende Position verschoben werden kann. Das Gestänge ist so konzipiert, dass die direkte Verbindungslinie zwischen einem Flügel und diesem beweglichen Zentrum mit dem Flügel selbst immer einen rechten Winkel bildet.

Voith-Schneider-Antrieb der MF Romanshorn

Erbauer: J.M. Voith, Heidenheim
Flügel pro Antrieb: 4
Drehzahl: 117,5 U/Min.
Drehkreisdurchmesser der Flügel: 1,80 Meter
Länge der Flügel: 1,05 Meter
Breite der Flügel: 0,34 – 0,50 Meter
Anzahl Antriebe: 2
Geschwindigkeit beladen: 20,38 km/h

Der raffinierte Antrieb ersetzt nicht nur das Steuerruder, sondern ermöglicht auch, das Schiff seitwärts zu bewegen und — wenn zwei solche Antriebe vorhanden sind — um seine eigene Achse zu drehen. Neben Fähren sind es vor allem Schlepper, Hafenfahrzeuge, Schwimmkräne und andere Spezialfahrzeuge, die mit Voith-Schneider-Antrieben ausgerüstet sind.

Der Fährbetrieb auf dem Bodensee

Die Autofähren zwischen Romanshorn und Friedrichshafen werden von den SBB und der Deutschen Bundesbahn betrieben. Der Grund liegt darin, dass von 1869 bis 1976 mit sogenannten Trajektschiffen Eisenbahnwagen über das «Schwäbische Meer» gefahren wurden. Erst 1955 kam der Autotransport dazu. Die Fähren «Romanshorn» (Baujahr 1958) und «Friedrichshafen» (Baujahr 1965) wurden beide noch für den Trajektbetrieb gebaut und erst später zu reinen Autofähren umgerüstet. Die «Friedrichshafen» hiess ursprünglich «Rorschach» und wurde erst mit dem Umbau im Jahr 1982 umgetauft. Die Geleise auf dem Deck sind heute unter dem neuen Aufbau verschwunden.

Literatur:
Die Konstruktion des modernen Voith-Schneider-Propellers. In: Hansa, 1966, Heft 10.
Baer, W.: Die Entwicklung des Voith-Schneider-Propellers nach 1945 und seine Anwendung. In: Schiff und Hafen 4, 1952, Heft 8.
Loosli, H.: Das Fährschiff «Romanshorn» der Schweizerischen Bundesbahnen. Winterthur, Schweizerische Lokomotiv- und Maschinenfabrik, 1959.

Auf der Fähre über den Bodensee

 Von Zürich, Schaffhausen oder St. Gallen nach Romanshorn, 1 Stunde 10 Minuten, 1 Stunde 30 Minuten bzw. 30 Minuten (□840, □820 bzw. □870)

 Von Romanshorn nach Friedrichshafen, 40 Minuten (□2840; Generalabonnement und Halbtaxabonnement sind gültig; es können durchgehende Billette vom Ausgangsbahnhof bis Friedrichshafen gelöst werden)

 Von Friedrichshafen nach Singen, 1 Stunde 70 Minuten (□3244)
Von Singen nach Schaffhausen, 30 Minuten (□3241)
Von Schaffhausen nach Zürich, 40 Minuten (□760)

Oder:
 Von Friedrichshafen nach Lindau, 30 Minuten (□3244)
Von Lindau nach St. Margrethen, 30 Minuten (□3310)
Von St. Margrethen nach St. Gallen, 30 Minuten (□880)

 Im Sommer kann man statt der Bahn von Friedrichshafen aus das Schiff nach Konstanz (□2801) oder Rorschach (□2880) nehmen.

Zeppelin-Museum in Friedrichshafen
(Adenauerplatz 1, ca. 5 Minuten vom Hafen)

Pass oder Identitätskarte nicht vergessen!

Der Bahnhof Romanshorn liegt unmittelbar beim Hafen. Die beiden Autofähren «Friedrichshafen» (DB) und «Romanshorn» (SBB) bieten nicht nur Autos, sondern auch mehr als 500 Passagieren Platz. Beide Schiffe haben ein Restaurant, wo kleinere Mahlzeiten serviert werden. Im Winter verkehren die Fähren nur im Zweistundentakt. Wer die neblig-melancholische Stimmung liebt, kommt in dieser Jahreszeit voll auf seine Rechnung.

Die übrige Schiffahrt auf dem Bodensee bietet leider nur in den Sommermonaten einen einigermassen dichten Fahrplan. In Friedrichshafen empfiehlt sich der Besuch des Zeppelin-Museums, wo wir in die Zeit, da riesige «Zigarren» durch die Luft flogen, zurückversetzt werden. Für die Weiterfahrt von Friedrichshafen aus (der Bahnhof liegt auch hier unweit vom Hafen) sind wir die meiste Zeit des Jahres auf die Bahn angewiesen.

Wer gerne wandert, dem empfehlen wir, einen Teil des Weges zu Fuss zurückzulegen. Besonders attraktiv ist der Weg durchs Naturschutzgebiet nach Eriskirch (Richtung Lindau). Für die andern bietet die Bahnfahrt rund um den See eine abwechslungsreiche Reise.

Die SBB-Autofähre «Romanshorn» (Foto: SBB)

Früher hatten Schlauchboote nur eine Bedeutung als militärische Wasserfahrzeuge und als Rettungsboote. Inzwischen sind sie weitverbreitetes Strandspielzeug für gross und klein und als River-Rafting-Boote Inbegriff des Abenteuer-Tourismus. Die gemütliche Variante wird in Bern praktiziert: Auf der Aare kann man sich seit fünf Jahren quasi fahrplanmässig mit einem Schlauchboot transportieren lassen.

Flosssäcke aus Gummi

Wer als Erfinder des Schlauchbootes gilt, lässt sich heute schwer rekonstruieren. Sicher ist, dass die deutsche Armee bereits im Ersten Weltkrieg sogenannte Flosssäcke aus Gummi oder wasserdichtem Stoff für Flussquerungen in vorderster Linie einsetzte. 1927 dann waren es wiederum die Deutschen, welche Flosssäcke mit Zusatzkonstruktionen erstmals zum Tragen einer Brückendecke verwendeten. Damit wurden zwei Ziele erreicht: Die Tragfähigkeit der militärischen Notbrücken konnte den

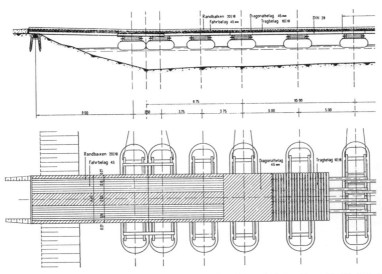

Ansicht und Grundriss einer schweizerischen Schlauchbootbrücke (Aus: M. Walt: Beiträge zum Bau von Bock- und Schlauchbootbrücken. Zürich, Gesellschaft für militäri-

schwerer gewordenen Transportfahrzeugen und den neu im Einsatz stehenden Panzern angepasst werden, während das Eigengewicht der Brücken selbst gesenkt wurde. Schlauchbootbrücken lösten damit wenigstens teilweise die schweren Ponton-Brücken ab, welche die Holländer bereits im 17. Jahrhundert im Einsatz hatten. Die früheren Pontons hatten aus rohem oder mit Eisen oder Tierhäuten überzogenem Holz, aus Kupfer oder Tierhäuten bestanden.

Für Flüsse mit höheren Fliessgeschwindigkeiten erwies sich der Flosssack aber anfänglich als zuwenig tauglich, so dass die Schweizer Armee erst 1961 eine Schlauchbootbrücke (Tragkraft 50 t) anschaffte. Miteinander verbunden, dienten Schlauchboote dem Militär nicht nur als Brücken, sondern auch als Flosse zum Übersetzen ganzer Lastwagen. Die Schläuche waren zu Anfang noch relativ empfindlich, die Militärs lobten dafür ihre einfache Reparierbarkeit.

Im Schlauchboot auf Expedition

Im zivilen Bereich fanden die Flosssäcke schon früh Anwendung als Rettungs- und Beiboote. Ihr geringes Gewicht und das im zusammengefalteten Zustand äusserst kleine Volumen machten sie auch zu beliebten Expeditionsfahrzeugen, so etwa zur Umfahrung von Grönland. In den siebziger und achtziger Jahren eroberten Schlauchboote in allen mög-

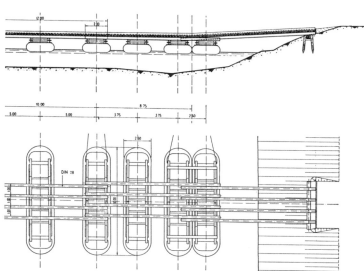

sche Bautechnik, 1954. Sonderdruck aus «Technische Mitteilungen für Sappeure, Pontoniere und Mineure», Jg. 1953)

Immer beliebter: Riverrafting-Abenteuer auf wilden Wassern (Foto: Reinhard Lutz)

lichen Formen und Farben den Freizeitmarkt. Die Sicherheit wurde durch Aufteilung der Schläuche in mehrere Kammern (beim Berner Boot insgesamt acht), reissfesteres Gewebe, Aufbau der Haut aus mehreren Schichten, Thermoverbundnähte, Sicherheitsluftventile und andere Verbesserungen erhöht. Eine neue Bootsentwicklung sind «Zwitter» aus einem starren Rumpf mit aufgesetztem Schlauchkörper, sogenannte Halb- oder Festrumpfschlauchboote.

Viel Gewicht wird auf eine Form mit möglichst wenig Gleitwiderstand gesetzt. Zur Errechnung der Rumpfeffizienz werden heute wie bei Autos oder Flugzeugen Computer eingesetzt.

Literatur:
Müller, Hans: Pontoniere. Bern, Verlag Paul Haupt, 1945.
Hauser, Hans: Die Entwicklung schweizerischer Pontonbrücken. Separatdruck aus «Technische Mitteilungen», Februar und April 1961.

Vom Schwellenmätteli nach Hinterkappelen

Vom Hauptbahnhof Bern zum Helvetiaplatz, ca. 5 Minuten (□ 100.00[11], Tram Nr. 3 oder Bus Nr. 19)

Vom Helvetiaplatz hinunter zum Restaurant Schwellenmätteli an der Aare, ca. 5 Minuten

 Vom Schwellenmätteli zur Stegmatt bei Hinterkappelen, ca. 2 Stunden 30 Minuten

 Von der Stegmatt (oder dem gegenüberliegenden Ufer) zur Postauto-Haltestelle, ca. 5 Minuten

 Von Hinterkappelen (Bernstrasse) oder Eymatt nach Bern Schanzenpost (direkt über dem Hauptbahnhof), ca. 10 Minuten (□290.15). Die Busse fahren bis Mitternacht

 Freizeitkleidung und Turnschuhe anziehen, allenfalls Regenschutz und Pullover mitnehmen. Paddel und Schwimmwesten werden vom Bootshalter gestellt

 Unbedingt voranmelden: Tel. 031 / 25 45 55 (Marina Travel). Für Gruppen werden auch Extrafahrten durchgeführt. Bootsbetrieb von Mai bis Mitte September

 In Hinterkappelen im Restaurant oder Picknick im Wald am linken Aareufer (auf Wunsch werden die Fahrgäste dort abgesetzt)

 Während und nach der Fahrt Bademöglichkeit

Was gibt es Schöneres, als sich an einem warmen Sommerabend friedlich den Fluss hinunter treiben zu lassen! Den ganzen Sommer über startet jeden Dienstag und Freitag um 17.30 Uhr beim Berner Schwellenmätteli das zehnplätzige, 4,8 Meter lange und 2,1 Meter breite Zodiac Raft. Zuerst gleitet das nur 70 Kilogramm schwere Fahrzeug, für dessen Auftrieb 8 Luftkammern sorgen, lautlos um die historische Berner Altstadt herum. Beim Stauwehr Engehalde helfen die mit Schwimmwesten ausgerüsteten Passagiere, das Boot um das Hindernis herumzutragen. Wenn die Richtung nicht mehr stimmt, greifen sie auf Kommando des Bootsführers selber zum Paddel.

Ausserhalb des Stadtgebietes windet sich die Aare in etlichen Schlaufen an den Wäldern der Tiefenau und der Felsenau entlang. Von der Neubrügg an wird die Strömung immer schwächer, die Aare mündet allmählich in den Wohlensee, einen etwa 12 Kilometer langen Stausee. Wer will, kann bereits hier das Boot verlassen und mit einem Bus der städtischen Verkehrsbetriebe nach Bern zurückfahren. Die offizielle Fahrt geht aber noch drei Kilometer weiter, bis zweihundert Meter vor die Aarebrücke von Hinterkappelen. Hier legt das Boot im Schein der letzten Sonnenstrahlen am rechten Ufer an und wird anschliessend mit einem Fahrzeug zurückgebracht.

Wer den Abend beim Picknick im Bremgartenwald ausklingen lassen will, lässt sich aber besser am linken Ufer absetzen. Der dichte Fahrplan der Postautos, die bis Mitternacht verkehren, ermöglicht eine problemlose Rückkehr in die Stadt.

Ein Schlauchboot auf der Aare vor der Kulisse der Berner Altstadt mit dem Münster (Foto: Marina Travel, Bern)

Ein Flickwerk seit bald 1000 Jahren
Der alte Rorschacher Hafen

Sind unsere Seen heute vor allem als Touristenrummelplätze und Trinkwasser-reservoire geschätzt, so spielten sie früher in erster Linie als Verkehrswege eine Rolle. Wo Häfen waren, wuchsen Städte heran. Diese mussten den Handelsschiffen aber auch einiges bieten, wollten sie ihre Position nicht aufs Spiel setzen. Im ständigen Kampf um Marktanteile war die Sicherheit der Hafenanlage stets ein entscheidendes Kriterium.

Tausend-Jahr-Feier mit Verspätung

Eigentlich hätte Rorschach, die kleine Hafenstadt am südlichsten Punkt des Bodensees, schon im Jahre 1850 das tausendjährige Bestehen feiern kön-nen. Weil aber die erste urkundliche Erwähnung («Rorscahun») aus dem Jahre 850 damals noch nicht bekannt war, stieg dieses Fest erst 1947, an-lässlich des tausendsten Jahrestages der Verleihung des Markt-, Münz- und Zollrechts durch den sächsischen König Otto I. Dies hätte der Monarch seinerzeit wohl unterlassen, wäre Rorschach nicht bereits in der Lage

gewesen, seinen Schiffen einen ge-wissen Schutz zu bieten. Wie jene «vorsintflutliche» Schifflände ausge-sehen haben mag, weiss niemand genau. Als Vater des Rorschacher Hafens gilt der St. Galler Abt Ulrich Rösch VIII., der erstmals ein eigent-liches Hafenzentrum samt Verwal-tungs-, Wirts- und Lagerhäusern er-stellen liess (1484 – 1489).

Bei Sturm noch heute gefürchtet

Dabei ist Rorschach von der Topo-graphie her für einen Hafen eigent-

Hafenanlage um 1490, zur Zeit des Abtes Ulrich Rösch VIII.

lich gar nicht prädestiniert: Die steil abfallende Seehalde machte die Verankerung der Schutzvorrichtungen schon immer zu einem heiklen Unterfangen. Auch mussten die Anlagen stets zu nahe am Ufer errichtet werden, was das Ein- und Auslaufen der Frachter behinderte. Bei den Kapitänen war dieser Hafen deshalb nie sonderlich beliebt, so reizvoll er für das Auge auch ist. Seit jeher gilt er als ausgesprochen unruhig, und bei Sturm ist er noch heute gefürchtet. Wenn er dennoch bis an die Schwelle des 20. Jahrhunderts stets eine bedeutsame Rolle als Handelsplatz spielen konnte, so wegen der Südlage und der Nähe zu St. Gallen, das mit seinem Kloster jahrhundertelang eine der grossen Metropolen Europas war. Ebenso wichtig muss dabei auch die Bereitschaft der Rorschacher gewesen sein, den Hafen ständig den sich ändernden Verhältnissen anzupassen, denn die Schiffe wurden immer grösser und zahlreicher.

Mit Volldampf in die neue Zeit

So wurde der Rorschacher Hafen im Lauf der Jahrhunderte mehrmals um-

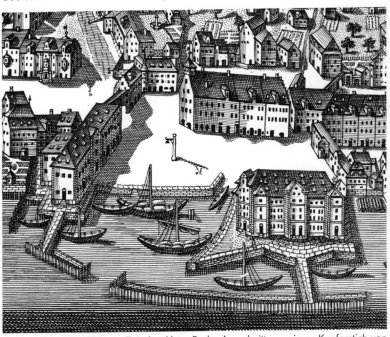

Hafenanlage um 1790, zur Zeit des Abtes Beda. Ausschnitt aus einem Kupferstich von Joh. Fr. Roth. (Beide Abb. aus «Das Kornhaus zu Rorschach», a.a.O.)

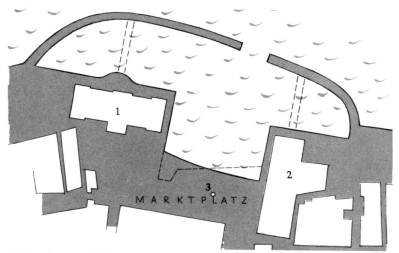

Hafenanlage um 1850 (1 = Kornhaus, 2 = Kaufhaus, 3 = Marktglocke)

gebaut. Die tiefgreifendsten Veränderungen zog die Revolution der Dampfschiffahrt nach sich. Als erster Bote der neuen Zeit lief am 11. November 1824 der Flachdeck-Raddampfer «Wilhelm» im Hafen ein. Mit 800 Zentnern Getreide voll beladen, schaffte er die Überfahrt aus Friedrichshafen in spektakulären 2,5 Stunden — und das bei einem Wetter, bei dem die Kapitäne anderer Schiffe nicht einmal ans Auslaufen zu denken gewagt hätten. Zum Vergleich: Das kleine, wendige Post-Segelboot benötigte für die gleiche Strecke noch volle sieben Stunden.

Den neuen Schiffahrtsgesellschaften aber genügte der Hafen von Anfang an nicht. Den schweren Dampfern war er zu klein und zu flach. Doch der 1803 neu gegründete Kanton St. Gallen steckte seine Mittel lieber in den zukunftsträchtigeren Strassen- und Schienenverkehr. Die dringlichsten Hafenkorrekturen wurden 1833—1850 daher so liederlich ausgeführt, dass die kantonale Untersuchungskommission von einem «nutzlosen Flickwerk» sprach und zuhanden des Grossen Rates festhielt: «(...) Dadurch bleibt auch den Stürmen und Wellen freier Spielraum, um über den unterseeischen Hafen einherzurollen und hinzubrausen, die Schiffe zu schaukeln, aufeinanderzutreiben; sie zu zwingen, um einem augenscheinlichen Untergange zu entgehen, ihr Heil auf der offenen See oder in anderen Häfen zu suchen.» Da endlich gaben die Behörden grünes Licht für eine Total-Sanierung, bei der auch Alois Negrelli, Tiefbauingenieur beim Bau des Suezkanals, massgeblich beteiligt war.

Seither sträflich vernachlässigt

Mit dem Abschluss der Bauarbeiten 1871 hat der Rorschacher Hafen sein heutiges Gesicht erhalten. Seither aber wurde praktisch nichts mehr geändert, abgesehen von einigen Ausbaggerungen für die modernen Motorschiffe mit mehr Tiefgang. Gerade diese Ausbaggerungen aber setzten der Stabilität der Hafenmauern (Molen) ganz besonders zu. Langsam, aber sicher wurden sie unterspült, die tragenden Pfähle und Joche aus Holz kamen mit dem Sauerstoff und den Bakterien in Wasser und Luft in Berührung und faulten fast unbemerkt weg. Stürme, Wellen, Frost, Unmengen von Vogelkot und in zunehmendem Masse auch die Luftverschmutzung (SO_2) griffen Sandstein und Kalkmörtel an. So hat sich die Kronenhöhe des Quais in den letzten 100 Jahren stellenweise um mehr als einen Meter gesenkt.

«Der Rorschacher Hafen — er ist und bleibt ein Flickwerk», sagt Ermin Busch, der Wasserbaufachmann des örtlichen Ingenieurbüros Wälli AG, das mit der Sanierung der Hafenmole beauftragt worden ist, nachdem diese 1985 wegen akuter Einsturzgefahr hatte gesperrt werden müssen.

Literatur:
Wahrenberger, Jakob: Das Kornhaus zu Rorschach. Rorschach, Verlag Heimatmuseum, 1964.
Wahrenberger, Jakob: Heimat am See. Rorschach, Verlag E. Löpfe-Benz, 1978.
Grünberger, Richard: Aus Rorschachs Vergangenheit. Rorschach, Verlag E. Löpfe-Benz, 1982.
Wälli AG, Ingenieurbüro (Rorschach/Arbon). Sanierung der Hafenmole des Kornhaushafens in Rorschach.
Generelles Projekt. RRB 1771, 1986.
AWE, Amt für Wasser- und Energiewirtschaft (Wasserbau), St. Gallen.

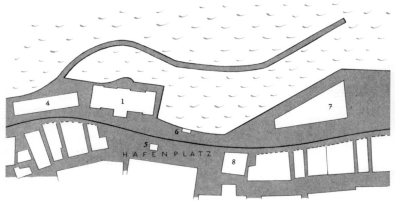

Hafenanlage um 1870 (1=Kornhaus, 4=Getreideschuppen, 5=Brückenwaage, 6=Kran, 7=Güterschuppen, 8=Hafenstation). (Beide Abb. aus «Heimat am See», a.a.O.)

In den Hügeln zwischen Säntis und Bodensee

 Von St. Gallen HB nach Rorschach HB,
18 Minuten (□880)

Von Rorschach HB nach Rorschach Hafen,
2 Minuten (□820), zu Fuss 15 Minuten

 Von Rorschach Hafen nach Rheineck,
1 Std. 10 Minuten (□2881)
(Betrieb nur im Sommer, bei Sturm oder
Niedrigwasser werden die Kurse eingestellt.)

 Von der Schifflände zur Talstation der
Rheineck-Walzenhausen-Bergbahn (RhW),
5 Minuten

 Von Rheineck nach Walzenhausen,
6 Minuten (□858)

 Von Walzenhausen über den Sonder nach
Heiden (2 Std.) oder mit dem Postauto via
Wolfhalden, 33 Minuten (□857.40)

 Von Heiden nach Rorschach HB,
22 Minuten (□857)

 Von Rorschach HB nach St. Gallen HB,
18 Minuten (□880)

 Bequeme Schuhe

Gemütlicher geht's nicht: in den Aussichtswagen der RHB durchs Appenzellerland (Foto: RHB, Heiden)

Nach der feierlichen Betriebseröffnung im Oktober 1856 gehörten die Eisenbahnlinien von St. Gallen nach Rorschach HB und von hier zum Hafen zu den ersten der Schweiz. Das unterstreicht die grosse Bedeutung, die der Rorschacher Hafen damals noch hatte.

Für die Fahrt vom Hauptbahnhof zum Hafen genügen dem «Hafenzügli» winzige zwei Minuten. Wen wundert's, dass es hierfür keine Fahrkarte braucht (es ist die einzige Strecke der SBB, die offiziell unentgeltlich ist). Wer lieber zu Fuss gehen möchte, erreicht den Hafen entlang der Seepromenade und kann unterwegs erst noch einen Blick auf den neuen Segelhafen werfen.

Flussaufwärts durch Schilf und Binsen

Ein Besuch des alten Hafens lohnt sich vor allem im Sommer, wenn sich die Pedalos und Ruderboote, die Motor- und Segelboote, die Surfer und neuerdings auch wieder ein Nostalgiedampfer ins Gehege kommen. Falls der Wasserstand und das Wetter es erlauben, stechen wir — vielleicht mit dem «Rhyspitz» — in See. Quer über die Rorschacher Bucht, vorbei am Schilf- und Vogelparadies des alten Rhein-Deltas, vorbei auch am umstrittenen Flughafen in Altenrhein gleiten wir nun flussaufwärts bis nach Rheineck. Ein Besuch dieses uralten Marktstädtchens würde sich lohnen.

Dampfzug der RHB mit dem zweistöckigen Panoramawagen und oben sitzenden Bremsern, wie er von 1884–1929 verkehrte. (Foto: Museum im Kornhaus Rorschach)

Von Zahnradbahn zu Zahnradbahn

Nur ein Katzensprung ist es von der Schifflände zur Talstation des «Walzenhausener Bähnli». 1896 als Drahtseilbahn eröffnet und 1958 zur Schmalspur-Zahnradbahn umgebaut, bringt uns diese Bergbahn im Nu nach Walzenhausen, auf die bekannte Aussichtsterrasse am äussersten Zipfel des Appenzeller Vorderlandes. Gut markierte Wanderwege führen von hier via Hostet, Hueb, Sonder, Klus und Hinteregerten nach Heiden. Wer seine Füsse schonen will, kann die herrliche Aussicht auf das Rheintal, den Alten Rhein und die weiten Flächen des Bodensees auch bequemer haben — aus dem Fenster des Postautos nämlich, das auch bei der Heidener Bahnstation halt macht.

Die Rorschach-Heiden Bergbahn (RHB), eine sieben Kilometer lange, normalspurige Zahnradbahn, pendelt seit 1875 hinunter an den Bodensee. Mit ihren knallroten Wagen ist diese Privatbahn seit jeher ausgesprochen populär. «Heb di fescht am Bänkli, heb di fescht am Bänkli — s'Heidner Bähnli macht es Ränkli», singen die Kinder, wenn sie im offenen Aussichtswagen (früher gab es sogar doppelstöckige) gemütlich zum See hinunter holpern.

Ein «Märlitram» fürs ganze Jahr

Bex—Bévieux VD: die ältesten Tramwagen der Schweiz

Die erste, offizielle «Strassenbahn» der Schweiz wurde von Pferden gezogen. Seither haben sich die Nahverkehrsmittel immer weiterentwickelt, und ihre Bedeutung wächst von Jahr zu Jahr. Die Anlagen wurden laufend modernisiert und ausgebaut, so dass von der alten Technik heute nicht mehr viel zu sehen ist. Die ältesten Tramwagen der Schweiz verkehren gegenwärtig auf der Linie Bex—Bévieux bei Aigle VD.

Genf, Genf und nochmals Genf

Selbst profunde Kenner des öffentlichen Verkehrs dürften manchmal Mühe haben, die Begriffe Eisenbahn, Strassenbahn, Tram, Auto- und Trolleybus stets genau auseinanderzuhalten. Auch die Behörden, die diese Nahverkehrsmittel konzessionieren, müssen dabei auf komplizierte rechtliche und (betriebs)technische Merkmale zurückgreifen. Besonders heikel wird die Sache, wenn die historische Dimension dazukommt, denn vorab in der Gründerzeit, gegen Ende des letzten Jahrhunderts, wurde im Nahverkehrswesen alles Mögliche und Unmögliche ausprobiert.

Mit dem Wachstum der Städte, dem rasanten Wandel der wirtschaftlichen Strukturen, dem wachsenden Graben zwischen Wohn- und Arbeitsort und dem aufkommenden Tourismus wurde auch in der Schweiz der Ruf nach lokalen und regionalen öffentlichen Verkehrsmitteln immer lauter. Die Postkutschen und Pferdeomnibusse konnten den wachsenden Ansturm immer weniger bewältigen. Zudem hatte die Eisenbahntechnik

gezeigt, dass die Passagiere billiger und in grösserer Zahl befördert werden konnten, wenn die Wagen nicht auf Steinpflaster oder Erde, sondern auf Schienen liefen, wo die Reibung entsprechend kleiner war. So liess die erste «Pferde-Strassenbahn» der Schweiz auch nicht lange auf sich warten: 1861 stellte der Kanton Genf eine Konzession für die Linie Genf—Carouge aus, zehn Jahre nach der Eröffnung der ersten Pferde-Strassenbahn Europas in Paris.

Eine neue Epoche begann mit der maschinellen Traktion. Drei Antriebsarten kamen im Lauf der Zeit zur Anwendung: Dampf, Druckluft und Elektrizität. Die erste Schweizer Strassenbahn mit mechanischer Traktion wurde im Jahre 1878, wiederum in Genf, in Betrieb genommen. Das neue «Dampf-Tram» konnte etwa dreimal mehr Personen befördern als die Pferde-Strassenbahn. Der Durchbruch im öffentlichen Nahverkehr gelang aber erst mit der Elektrifizierung. Erneut machte Genf den Anfang, mit der elektrischen Strassenbahn von Genf nach Petit-Saconnex (1894 eröffnet).

Noch heute im Bahnhof von Gryon zu bestaunen (von links nach rechts): die Be 2/2 Nr. 9 (Ex-Zürich, Baujahr 1915), die Be 2/3 Nr. 17 (Ex-Lausanne) und die BDeh 2/4 Nr. 26 (Baujahr 1945) (Foto: BVB)

Überland-Touristen-Trams

Die Geschichte der Nahverkehrsmittel beschränkt sich nicht nur auf städtische Strassenbahnen. Die Sté. Electrique de Vevey-Montreux, die mit dem Bau einer elektrischen Strassenbahn für Touristen eine eigentliche Pionierleistung vollbrachte, ging den elektrischen Trambetrieben der Städte sogar voraus. Die noch im Eröffnungsjahr 1888 von Territet bis zum Schloss Chillon und 1903 nach Villeneuve verlängerte Strassenbahn war die erste mit Hydroelektrizität betriebene Bahn der Schweiz.

Auch die 1898 eröffnete Tramlinie Bex—Bévieux war hauptsächlich für Touristen, weniger für Arbeitspendler gedacht. Abgesehen von den Oldtimer-«Märlitrams», wie sie zum Beispiel in Bern jeweils zur Weihnachtszeit aus dem Depot geholt werden, verkehren heute zwischen Bex und Bévieux die ältesten Tramwagen der Schweiz. Seit über 40 Jahren fahrplanmässig im Einsatz sind etwa die beiden dreiachsigen Be 2/3 (Baujahr 1948). Weitere, noch ältere Schmuckstücke des verkehrshistorisch bedeutenden Maschinenparks sind auf den Bahnhöfen von Gryon und Villars der Öffentlichkeit zugänglich.

In den siebziger Jahren wurde die Linie Bex—Bévieux von den Bundesbehörden in Frage gestellt. Heute aber scheint ihr Bestand gesichert.

Literatur:
Maison, Gaston: 75 ans BVB (1898 — 1973). In: Revue des amis du rail de la Suisse Romande, No 10, 1973.

Der Tramwagen Ce 2/2 (Baujahr 1898), 1947 von den Bieler Trambahnen gekauft, verkehrt heute nicht mehr. (Foto: BVB)

Eine Reise in den Bauch der Erde

 Von Lausanne nach Bex, ca. 40 Minuten (□ 100)

 Von Bex nach Bévieux, 10 Minuten (□ 129)

 Von Bévieux nach Le Bouillet und zurück nach Bex, je eine gute Stunde

 Von Bex zurück nach Lausanne, ca. 40 Minuten (□ 100)

Rebberge und malerische Weinbaudörfer machen schon die Bahnfahrt von Lausanne nach Bex zu einem besonderen Erlebnis. Direkt vor dem Bahnhof in Bex erwartet uns der «Tramway local», der uns in wenigen Minuten nach Bévieux, zum Ausgangspunkt unserer Wanderung bringt.

Von hier geleiten uns Wegweiser zur «Saline du Bévieux». Die Saline, also die Salzgewinnungsanlage (Salzfabrik), ist der Öffentlichkeit nicht zugänglich. Dafür hat sich das eigentliche Bergwerk längst auf Besucher eingestellt. In einer knappen Stunde gelangen wir auf dem «Chemin du sel» (Salzpfad) durch Reben und Wälder zur Salzmine von Le Bouillet.

Salz — das Gold der Antike

Wer Höhlen liebt und sich zudem für das uralte Handwerk der Salzgewinnung interessiert, sollte sich die zweieinhalbstündige Führung und die Fahrt mit dem Stollenbähnchen ins Innere des Bergwerks nicht entgehen lassen, auch wenn es nicht billig ist. Über eine Länge von nahezu 50 Kilometern, bis unter die Dörfer Villars, Chesières und Arveyes, erstreckt sich ein Labyrinth von Stollen, Schächten, Treppen und gigantischen Sälen. Den Besuchern steht allerdings nur ein Teil davon offen.

Über eine geteerte Strasse gelangen wir durch Weinberge, Wäldchen, Maisfelder und Kartoffeläcker zurück zum Bahnhof Bex.

Unter Tag: Das Stollenbähnchen bringt Neugierige ins Innere des Salzbergwerkes, 450 Meter (!) unter die Erdoberfläche. (Foto: Eduard Widmer, Zürich)

Wenn von Geleisen, Spurbreiten und Weichen die Rede ist, denkt man sogleich an die Eisenbahn. Dabei waren diese Begriffe schon lange vorher bedeutsam — bei den Karrengeleisen nämlich, den in den Fels gehauenen «Vorläufern der Eisenbahnschienen». In den Alpen und im Jura sind etliche solche Geleisestrecken erhalten geblieben, so auch am Oberen Hauenstein bei Langenbruck.

Die «Eisenbahn» der Eisenzeit

Lange bevor die ersten eisernen Schienen verlegt wurden (denen die Eisenbahn schliesslich ihren Namen verdankt), war das Land durchzogen von zahlreichen Karrengeleisen. Auf ihnen fanden die Pferde- und Ochsenwagen mehr Halt als auf dem übrigen Wegnetz, denn ihre Räder wurden geführt von tiefen Rillen, die in den felsigen Untergrund oder in die steinernen Wegplatten gehauen waren.

Über das wohl ausgedehnteste Netz von derartigen Karrengeleisen verfügten die Römer zu Beginn unserer Zeitrechnung. Das heisst aber nicht, dass jedes Karrengeleise gleich römischen Ursprungs wäre. Das besonders schöne Karrengeleise bei Vuiteboef/Ste.-Croix VD beispielsweise, das lange Zeit als Römerweg betrachtet wurde, hat sich kürzlich, zumindest teilweise, als ein Bauwerk aus dem Jahre 1712 entpuppt.

Die Karrengeleisetechnik ist somit das ganze Mittelalter hindurch bis an

Römischer Ochsenwagen mit Bremshaken an den Hinterrädern (Mosaik Nr. 6 von Boscéaz bei Orbe VD). (Foto: IVS)

Römisches Karrengeleise mit Weiche in Bivio, La Vecluta. (Foto: IVS, «Inventar historischer Verkehrswege der Schweiz», Bern)

die Schwelle der Neuzeit angewendet worden. Andere, bisher den Römern zugeschriebene Geleisewege, müssen dagegen zeitlich weit nach hinten korrigiert werden, bis zu rück zu den Kelten, die in der älteren Periode der Eisenzeit, vom 8.—5. Jahrhundert v. Chr. lebten. Die Kelten pflegten ihren verstorbenen Adeligen für ihre letzte Reise einen Wagen mit ins Grab zu geben. Bei solchen Wagengräbern kamen in der Regel vierrädrige Gefährte mit einer Spurbreite von 140–180 cm, einer drehbaren Vorderachse und einer Deichsel für zwei Zugpferde oder Ochsen zum Vorschein. Da die Beschirrungstechnik damals noch keine Rückhaltezügel kannte, müssen diese Wagen gar schon über ein wirkungsvolles Bremssystem verfügt haben.

Das Römergeleise am «Howenstein»

Eindeutig römischen Ursprungs sind die Karrengeleise-Fragmente am Oberen Hauenstein. Auf einer Länge von fast 20 Metern wurde die Strasse von den Römern zirka 6 Meter tief in den Fels eingehauen. Die Einheimischen sprachen seither vom «Gehowenstein», später vom «Howenstein». Das Karrengeleise mit der typisch römischen Spurweite von 1,10

Metern ist noch heute zu sehen. Wegen der Steilheit des Geländes sind die Fahrrillen mit 10–25 Zentimetern besonders tief eingelassen. In flachen Wegabschnitten genügte ansonsten eine Geleisetiefe von 6 Zentimetern. Wie die Römer diese kilometerlangen Fugen zuwege brachten, ist bis heute ein Rätsel geblieben. Um so klarer ist die Bedeutung der Einkerbungen entlang der Abhänge des Hohlweges: Es sind die Nabenspuren, die zusätzlich für die weit von den Wagen abstehenden Radnaben eingehauen werden mussten.

Zur Bedeutung des Oberen Hauensteins als Jurapass

Von der Lage her war der Obere Hauenstein für den Warenaustausch der Wirtschaftszentren im Norden und Süden Europas seit dem Altertum von grösster Bedeutung. Den Römern

Bei grossen Steigungen waren die nur mangelhaft beschlagenen Zugtiere trotz eingehauener Tritthilfen häufig überfordert. Solche Stellen müssen mit Hilfe von Umlenkrollen oder -pfosten gemeistert worden sein. (Zeichnung: Werner Vogel, IVS).

Karrengeleise am Oberen Hauenstein mit der römischen Spurbreite von 1,10 Metern und den Nabenspuren an den Abhängen. (Foto: IVS)

diente er als wohl wichtigste Verbindung zwischen Augusta Raurica (Kaiseraugst) und Aventicum (Avenches). Der Pass setzte die römische Heer- und Handelsstrasse über den Grossen St. Bernhard nach Norden bis an den Rhein fort. Nach der Bezwingung der Schöllenen musste er im 13. Jahrhundert seine herausragende Stellung im Italienverkehr an den Unteren Hauenstein zwischen Olten und Sissach abtreten, erlangte aber bald neue Geltung durch den Handel mit Südfrankreich und Spanien.

Wein, Salz, Mehl, Heringe...

Die Produkte, die über den Oberen Hauenstein geführt wurden, waren sowohl internationaler als auch regionaler Herkunft. In seiner Arbeit über die östlichen Jurapässe zählt Werner Reber die Güter auf, die im 18. Jahrhundert registriert wurden:

«Auf Wagen oder Karren, Saumpferden oder Maultieren transportierte man Wein, Salz, Getreide, Mehl, Heringe, Leder, Wolle, Hausrat, Saffran, Blei, Schindeln, Schleifsteine, Glas, Band und Hühner über den Oberen Hauenstein. (...) Rinder, Kälber, Schweine und Schafe wurden über den Pass getrieben; neben den Fuhrleuten und Reisenden gingen auch Krämer und Juden, die durch den Zoll besonders belastet wurden, den Weg über Waldenburg.»

Literatur:
Mittler, Max: Pässe, Brücken, Pilgerpfade. Historische Verkehrswege der Schweiz. Zürich und München, Artemis Verlag, 1988.
Müller, Urs A. und Schneider, Guy: Zur Problematik der Datierung von Karrgeleisen am Beispiel von Hofstetten-Flüh (SO). In: Bulletin IVS 1990/2.
Reber, Werner: Zur Verkehrsgeographie und Geschichte der Pässe im östlichen Jura. Dissertation Universität Basel. Liestal 1970.

Von der Chräiegg nach Neu-Falkenstein

 Von Olten nach Oensingen, 11 Minuten (□410)

Mit der OeBB von Oensingen nach Balsthal, 9 Minuten (□412)

 Von Balsthal nach Langenbruck «Kurhaus» (Halt auf Verlangen), 15 Minuten (□412.20)

 Vom «Kurhaus» zum Oberen Hauenstein (Chräiegg), zurück via Langenbruck, Lochgut, Holderbank und St. Wolfgang bis hinunter nach Balsthal, 2 Stunden

 Mit der OeBB von Balsthal nach Oensingen, 9 Minuten (□412)

Von Oensingen nach Olten, 11 Minuten (□410)

 Bequeme Schuhe

Der gediegene Salonwagen der Oensingen-Balsthal-Bahn (OeBB) verkehrt leider nicht mehr fahrplanmässig. Dennoch ist die Fahrt nach Balsthal etwas Besonderes geblieben, denn die kleine Privatbahn lässt noch eine ganze Reihe weiterer Wagen zirkulieren, die ähnlich nostalgisch ausgestattet sind.

Schon im Postauto von Balsthal nach Langenbruck «Kurhaus» erhalten wir einen Eindruck von den Schwierigkeiten, mit denen die Strassenbauer von einst fertig werden mussten. Ganz konkret wird es dann bei der Chräiegg am Oberen Hauenstein, wo die Römer den imposanten Felsdurchbruch geschaffen haben.

Die Ruine mit dem geheimnisvollen Namen «Neu-Falkenstein» (Foto: E. Widmer)

Von der Postauto-Haltestelle beim Kurhaus bis zu dieser Stelle sind es nur wenige Wanderminuten.

Weitere Reste der alten Weganlage gibt es auch nördlich von Holderbank zu sehen. Dahin gelangen wir via Langenbruck. Der Geländekessel, in dem dieses Dorf liegt, war früher von reichen Wasseradern durchzogen. Um diesen Sumpf dennoch jederzeit passierbar zu machen, wurde schon sehr früh ein Knüppeldamm, die sogenannte «Lange Brükke», angelegt, die dem Dorf Langenbruck später den Namen gab.

Ein Gewirr von Karrengeleisen

Hinter Langenbruck biegen wir beim «Lochgut» rechts in den Feldweg ein, der uns zum römischen Wegstück am Hang oberhalb von Holderbank bringt. Die Karrengeleise sind hier in den felsigen Weggrund gehauen. Gegen St. Wolfgang, beim Stalden, deutet ein tiefer, gewundener Graben eindrücklich auf ein weiteres Stück des alten Weges hin. Auf dem breiten, mit Steinblöcken und -platten belegten Anstieg ist noch heute eine geradezu verwirrende Vielzahl von Karrengeleisen zu sehen.

Auf dem Trassee der alten Römerstrasse erreichen wir bald die Klus von Falkenstein, wo die gleichnamige Burgruine düster auf uns herabblickt. Die einst stolze Burg diente im Mittelalter zur Sicherung (als Raubritternest auch zur Verunsicherung) der Jurapässe. Auf der Kantonsstrasse gelangen wir hinunter nach Balsthal.

Kaiser Napoleons Königin der Alpenstrassen
Die alte Postkutschenstrasse am Simplon

Am Simplon ist eine der interessantesten Kulturlandschaften der Schweiz erhalten geblieben. Auf engstem Raum drängen sich hier Zeugen und Relikte aus 2000 Jahren Verkehrsgeschichte. Dem strategischen Ehrgeiz Napoleons verdankte das schweizerische Postkutschenwesen die erste alpine Kunststrasse Europas.

Von Pfaden, Feld- und Knüppel-wegen...

Einrichtungen, die als Vorläufer unseres Postwesens bezeichnet werden könnten, gibt es seit mehr als 2000 Jahren. Schon die Griechen und später die Römer mussten auf ein gut organisiertes Netz von Meldeträgern und Reitboten zählen können, um die Kontrolle über ihre riesigen Reiche aufrechtzuerhalten. Eigentliche Post- und Reisekurse, die nicht allein staatlichen, sondern auch privaten Zwecken dienten, wurden aber erst in neuerer Zeit geschaffen. Auf dem Gebiet der Eidgenossenschaft war es der Berner Beat von Fischer, der um 1675 das erste geordnete Postwesen einführte.

Der Postdienst wickelte sich vorerst auf engen Pfaden, Feld- und Knüppelwegen ab. Von Strassen konnte noch keine Rede sein, oder besser: nicht mehr, denn das gigantische Strassennetz der Römer lag zu jener Zeit grösstenteils entweder fast «zu Tode» benützt oder von Gras überwachsen darnieder. Der eigentliche, ingenieurmässig betriebene Fahrstrassenbau kam erst im Verlauf des 18. Jahrhunderts zum Tragen — im Mittelland jedenfalls. In den Bergen musste man sich noch weitere 50 Jahre mit den alten Saumpfaden zufriedengeben, denn für die rauhe Welt der Felsen, Schluchten und Lawinen waren die Ingenieure noch nicht gerüstet.

...zur Königin der Alpenstrassen

Die erste alpine Kunststrasse Europas wurde nicht etwa am Gotthard, sondern am Simplon errichtet. Die Walliser verdanken dies dem Ehrgeiz und dem strategischen Geschick Napoleon Bonapartes. Über die Köpfe der Einheimischen hinweg befahl der Korse im September 1800 den Bau dieser Bergstrasse, die ihm möglichst schnelle Truppen- und Artilleriebewegungen zwischen Paris und Mailand garantieren sollte. Der militärische Charakter des Bauwerks zeigt sich schon darin, dass als Ausgangspunkt das Dörfchen Glis gewählt wurde: Die Stadt Brig als regionales Wirtschaftszentrum wurde buchstäblich links liegengelassen. Auch bei den Brücken hatte die Kriegstauglich-

Im Mai des Jahres 1800 schickte Napoleon General Béthencourt mit einem Bataillon über den Simplon. Der Kupferstich von F.N. König zeigt die Truppe an einer weglosen Stelle in der Gondoschlucht. Ein halbes Jahr später befahl der Kaiser den Bau «seiner Napoleonstrasse». (Foto: IVS)

keit allerhöchste Priorität; sie durften im Mittelteil nur aus Holz bestehen, damit sie bei einem allfälligen Rückzug leicht zerstört werden konnten.

Doch die Bauarbeiten gestalteten sich weit schwieriger als erwartet, und die Geduld Napoleons wurde mehr als einmal auf die Probe gestellt, bis er einsah, dass gegenüber hartem Gneis, Rüfen und Lawinen das simple Muster von Befehl und Gehorsam versagte. Andererseits wusste er, dass der Simplon schon im Jahre 489 von einem burgundischen und 80 Jahre später von einem langobardischen Kriegsheer überquert worden war. Und dass der Ausbau der Säumerpfade dem privaten Unternehmer Kaspar Jodok von Stockalper (1609—1691) zu einem solchen Reichtum und Einfluss verholfen hatte, dass man ihn selbst in Paris respektvoll «roi du Simplon» nannte. Da wollte er, Napoleon, nicht zurückstehen.

Die ersten Bauversuche seiner Militärs waren aber derart dilettantisch, dass er die Leitung des Unternehmens schon bald einem zivilen Fachmann, dem Genfer Ingenieur Nicolas

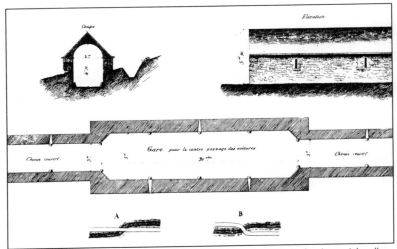

Die Pläne von Ingenieur Céard für Schutzgalerien und unterirdische Ausweichstellen, die aus Termin- und Kostengründen grösstenteils fallengelassen wurden. (Aus: Mittler, Max, a.a.O.)

Céard, anvertraute. Fast hätte dieser — dank dem Einsatz von 4000 Arbeitern und 250000 Kilogramm Sprengpulver — den zeitlichen Rückstand noch aufholen können. Schliesslich fehlten ihm aber drei Monate, um die Strasse für die Rückkehr Napoleons aus Mailand, wo dieser im Mai 1805 zum König von Italien proklamiert worden war, durchgehend passierbar zu machen. Der kaiserliche Kundschafter musste in der Gondoschlucht seine Kutsche in ihre Einzelteile zerlegen und über den Saumpfad durch das Engnis tragen lassen.

100 Jahre Postkutschen-Romantik

Mit dem Zusammenbruch des Napoleonischen Reiches ging die Strasse an den neu gegründeten Kanton Wallis über. Mit ihren 63 Kilometern Länge, einer Breite von durchschnittlich 8 Metern, acht waghalsigen Brücken, sieben Galerien und einer maximalen Neigung von 11 Prozent, galt sie als technisches Wunderwerk und übte im aufkommenden Kutschenzeitalter eine grosse touristische Anziehungskraft aus. Zu seiner eigenen Glorie hatte sie schon Napoleon als die «Königin der Alpenstrassen Europas» bekannt gemacht. So beeilte man sich, das Angebot an Postkursen zu verbessern. Die nächsten 100 Jahre standen ganz im Zeichen der romantischen Kutschen, der Bernerwägelchen, der Landauer, Chaisen und Droschken. Um 1870 verkehrten im Sommer täglich vier zehnplätzige Berlinen in beiden Richtungen, und im Winter hielt eine Schlittenpost die Verbindung aufrecht.

Mit der Zeit war die mächtige Konkurrenz durch die Eisenbahn aber auch am Simplon immer deutlicher zu spüren. Die Eröffnung des Gotthardtunnels (1882) war im Wallis alles andere als ein Grund zur Freude. Den totalen Zusammenbruch des Passverkehrs führten die Walliser dann aber selber herbei: mit dem Simplontunnel, der am 1. Juli 1906 eingeweiht wurde. Dieses Ereignis liess die Zahl der Kutschen-Passagiere innerhalb von zwei Jahren von 13258 (1905) auf klägliche 845 Personen (1907) zusammenschrumpfen.

Begraben unter Leitplanken und Beton

Doch schon damals kündigte sich unüberhörbar jene verkehrstechnische Revolution an, die dem ganzen 20. Jahrhundert ihren Stempel aufdrükken sollte: das Automobil. Bereits 1906 wurde der Simplon als erste schweizerische Passstrasse teilweise für das Auto freigegeben. Die zulässige Höchstgeschwindigkeit betrug damals 10 Kilometer pro Stunde. Wenig später (1919) richtete die eidgenössische Postverwaltung mit einem umgebauten Militärlastwagen zwischen Brig und Gondo ihren ersten Autokurs ein. Und seit der Sim-

Eine Postkutsche erreicht Simplon-Dorf auf der Napoleonstrasse um 1820. (Foto: IVS, «Inventar historischer Verkehrswege der Schweiz», Bern)

plon 1960 als N9 ins schweizerische Nationalstrassennetz aufgenommen wurde, wird die Passstrecke kontinuierlich zur wintersicheren Hochleistungsstrasse ausgebaut. Lange Galerien und die kühne Ganterbrücke setzen in der heutigen Landschaft die umstrittenen strassenbaulichen Akzente der Moderne.

Leider fiel der neuen Strasse fast die gesamte Bausubstanz der kunstvollen «Route Napoléon» zum Opfer. Verhängnisvoll wirkte sich dabei ihr eigener bautechnischer Glanz aus, denn die Anlage war derart gut, dass die N9-Ingenieure praktisch dieselbe Linienführung wählten und sie damit grösstenteils unter dem Betonband begruben. Bis auf einige Wegreste, funktionslos gewordene Brücken und typische Gebäude erinnert heute wenig an die alte Prachtsstrasse.

Literatur:
Mittler, Max: Pässe, Brücken, Pilgerpfade. Historische Verkehrswege der Schweiz. Zürich und München, Artemis Verlag, 1988.
Inventar historischer Verkehrswege der Schweiz (IVS). Wanderungen auf historischen Wegen (3. Hafner, Heinrich: Brig—Simplon—Gondo). Thun, Ott Verlag, 1990.
Arnold, Peter: Simplon — die vier Strassen. Brig, Rotten-Verlag, 1975.

Gondoschlucht: Die «Schöllenen» am Simplon

 Mit dem Zug nach Brig (□100, □300)

 Von Brig (Bahnhof) nach Gondo (Post), 1 Stunde 20 Minuten (□145.40)

 Von Gondo zur Alpjenbachbrücke und zur Casermettabrücke, retour: 1 Stunde 15 Minuten

 Von Gondo nach Domodossola (Italien), 31 Minuten (□145.40) (Reisepass oder Identitätskarte unerlässlich)

 Von Domodossola durch den Simplontunnel zurück nach Brig, 30 Minuten (□100)

 Bequeme Schuhe

Wer auf der Postauto-Fahrt von Brig nach Gondo die Augen offen hält, wird punkto landschaftlicher Schönheit bereits voll auf seine Rechnung kommen. Für verkehrshistorisch Interessierte gibt es aber noch einiges darüberhinaus zu entdecken: den Stockalper-Palast gleich zu Beginn der Reise, die alten napoleonischen Brücken über den Ganterbach und bei Maschihüs, die verschiedenen «Schutzhäuser» entlang der ganzen Strecke oder das grosse französische Offizierskasino in Simplon-Dorf, das nach der Vertreibung der napoleonischen Truppen (1813) zum heutigen «Hotel Post» umfunktioniert wurde. Für diese Destination muss das Postauto die N9 verlassen und die alte Napoleonstrasse benützen.

Die imposantesten Eindrücke lassen sich aber aus der Gondoschlucht mit nach Hause nehmen. Dieses Nadelöhr ist für den Simplon etwa das, was die Schöllenen für den Gotthard bedeutet. Selbst die Ingenieure der N9 standen hier vor gewaltigen Problemen. Wieviel schwieriger muss es für die Mannen Napoleons gewesen sein, diese schaurigen Abgründe zu bezwingen! Die Mineure arbeiteten Tag und Nacht. An Seilen liess man sie zur Baustelle hinunter. Wurde eine Mine gezündet, so zog man sie wieder hoch. Dies scheint nicht immer geklappt zu haben, denn gegen 100 Mineure verloren dabei ihr Leben.

Ein erster Blick auf die grosse Gondogalerie, die Casermetta- und die Alpjenbachbrücke, lässt sich schon aus dem Postauto erhaschen. Doch diese bestens erhaltenen Zeugen der Napoleonstrasse verdienen einen genaueren Augenschein. Von Gondo her erreichen wir sie in einer guten halben Stunde. Ein anschliessender Abstecher nach Domodossola lohnt sich nicht nur wegen der verkehrshistorischen, sondern auch wegen der kulinarischen Leckerbissen, die dort zu finden sind. Benommen vom lebhaften Treiben der Märkte denkt man nur ungern an die düstere Tunnelfahrt zurück nach Brig.

Alt und Neu in der Gondoschlucht: Im Vordergrund die Napoleonstrasse mit der Casermettabrücke, im Hintergrund eine Galerie der Nationalstrasse N9 (Foto: IVS)

Ein Omnibus mit «2-PS-Hafermotor»
Der Pferdeomnibus von Pontresina zum Roseggletscher

Viele sind es nicht mehr, aber es gibt sie noch: die ehrwürdigen Pferdeomnibusse. Der Kutschenkurs von Pontresina ins Val Roseg ist wohl der einzige in Europa, der noch ganzjährig und fahrplanmässig betrieben wird.

Pferdegespanne im Kursbuch

Wer sich Zeit nimmt, ein wenig im offiziellen Kursbuch der Schweiz zu blättern, erlebt Überraschungen. Da stösst man zum Beispiel im Band «Autobusse» auf die Linie Pontresina — Rosegletscher, auf die sommers und winters täglich zwei bis fünf Pferdegespanne verkehren. Ist denn in jenem zauberhaften Engadiner Gletschertal die Zeit eingefroren oder haben sich die Kursbuchmacher wohl vertippt? So fragt man sich.

Weder noch: Die Pferdeomnibusse von Pontresina verrichten ihren Dienst erst seit 1954, als das Bedürfnis der Stadtbewohner nach Ruhe und Erholung immer grösser wurde. Anfänglich verkehrten die Kutschen allerdings nur im Sommer, die winterlichen Schlittenkurse kamen erst später (1971) hinzu. Seither ist dieser Pferdeomnibus der einzige der Schweiz, laut Fuhrhalter Luigi Costa sogar der einzige Europas, der ganzjährig und fahrplanmässig betrieben wird. Und die Costas sind heute so etwas wie Staatsbeamte, denn für «Fahrplan-Betriebe» bedarf es einer speziellen Bewilligung. Das zuständige Bundesamt für Verkehr stellt insgesamt nur zwei derartige Konzessionen aus

(die zweite betrifft die Linie Sils/Segl Maria — Fex (□940.77), wo der regelmässige Betrieb jedoch auf die Sommermonate beschränkt ist.

Fahrten ins Val Roseg

Die Pferdegespanne verkehren fahrplanmässig und sind auf die Fahrzeiten der Rhätischen Bahn abgestimmt. Weil der Andrang — besonders bei schönem Wetter — zuweilen recht gross wird, ist die Fuhrhalterei Costa (Tel. 082/6 60 57) auf Voranmeldung angewiesen. Ausserhalb des Fahrplanes können die Kutschen oder Schlitten jederzeit auch privat gemietet werden. Selbst romantische Sternfahrten mit Fackeln sind möglich (Nachtzuschlag: 50 Prozent).

In der Kutsche auf Bündens Strassen

«Mit vier Wochen Pontresina verlängerte ich jeweilen mein Leben um ein Jahr», so schwärmte schon Wilhelm Conrad Röntgen (1845 — 1923), der Entdecker der Röntgenstrahlen, der 43mal hintereinander seine Sommerferien im «Weissen Kreuz» verbrach-

Die Kutschen der Fuhrhalterei stammen aus Deutschland, weil dieser Betriebszweig in der Schweiz ausgestorben ist. (Foto: Kurverein Pontresina)

te. Auf seinen Spaziergängen ins Val Roseg pflegte sich der Nobelpreisträger von der wissenschaftlichen Knochenarbeit zu erholen. Zu seiner Zeit nahmen noch keine Pferdegespanne den Weg dorthin unter die Hufe. Dafür verkehrten sie damals fast überall sonst, von Tal zu Tal und von Dorf zu Dorf. Bevor die Rhätische Bahn und die Berninabahn gebaut wurden, basierte der öffentliche Verkehr Bündens allein auf der Pferdekraft. Hoch auf dem gelben Wagen wurden noch bis 1911 regelmässig Postgüter und Reisende von Pontresina ins Puschlav befördert. Mit dem Siegeszug der «Auto-Mobilität» aber büsste das Pferd auch hier seine verkehrspolitische Stellung bald ein.

Der Standplatz von Konzessionsträger Luigi Costa liegt heute unmittelbar neben der RhB-Bahnstation von Pontresina. Die Kutschen oder Schlitten, alles Zweispänner, benötigen für die Hinfahrt zum Hotel Roseggletscher rund eine Stunde, die Rückfahrt meistern die Pferde in 45 Minuten. Wanderer brauchen dafür jeweils das Doppelte. Die Leistung der Tiere ist beachtlich: Allein die Kutschen bringen durchschnittlich 500 Kilogramm auf die Waage; hinzu kommen rund 12 Personen auf dem Hin- und bis zu 18 Personen auf dem Rückweg. Kein Wunder also, wenn die 23 «Hafermotoren» in Costas Stall jährlich 18 Tonnen Hafer und 2 Tonnen Zusatzfutter «verbrennen».

Literatur:
Stupan, Victor: Pontresina. Schweizer Heimatbücher (SH 116), Bündner Reihe, Bd. 11; Bern, Verlag Paul Haupt, 1979.

Arvenduft statt Benzindämpfe

 Mit der Rhätischen Bahn (RhB) nach Pontresina (☐940, ☐943)

 Vom Bahnhof zum Kutschen-Standplatz, 2 Minuten

 In der Kutsche zum Hotel Roseggletscher, 1 Stunde (☐943.10) (Wolldecken werden zur Verfügung gestellt, dennoch sind selbst im Sommer warme Kleider zu empfehlen.)

 Zurück zum Bahnhof Pontresina, 1 Stunde 30 Minuten

 Bequeme Schuhe (Wer zusätzlich noch das Gletschertor besuchen will, ist mit guten Wanderschuhen besser dran: Für den Hin- und Rückweg zum Hotel Roseggletscher braucht man je 1 Stunde 30 Minuten.)

Die Nase des Kutschers ist von der Kälte schon ein bisschen rot geworden. Nachdem er uns mit Wolldecken versorgt hat, setzt er die Pferde in Bewegung. «Für jegliche Motorfahrzeuge gesperrt — Gilt auch fürs Militär!» steht auf einem grossen Schild am Eingang zum Tal. Frei von Skiliften und Bergbahnen, weitab von Benzin- gestank und Motorenlärm, verschont auch vom überbordenden Touristenrummel, ist das Val Roseg eines jener seltenen Erholungsparadiese geblieben, die diesen Namen noch verdienen. So schlicht und karg dieses Tal auch ist, so grosszügig verschenkt es seine Ruhe und die landschaftlichen Reize. Wenn sich das Tal nach

Winterliche Schlittenfahrt ins Val Roseg mit Blick auf die Sellagruppe (Foto: Kurverein Pontresina)

etwa 7 Kilometern zur breiten Ebene öffnet, leuchten uns die weissen Bergspitzen der Sellagruppe entgegen.

Schon taucht in der Ferne das Hotel Roseggletscher auf, das nicht nur Zimmer, sondern auch preisgünstige Massenlagerplätze anzubieten hat. Im Winter findet der Langläufer eine sorgfältig angelegte Loipe, die längs dem sprudelnden Bergbach (Ova da Roseg) zurück nach Pontre-

sina oder weiter bis zum Gletscher (Vadret da Roseg) führt. Im Sommer, wenn die Luft voll ist vom harzigen Duft der Arven und Lärchen, begegnen wir auf dem Rückweg auch vereinzelten Velofahrern oder neugierigen Eichhörnchen — doch eigentlich nur uns selber.

Freizeit

Theus/Zabel/Amacher
Weg der Schweiz
Der offizielle Wanderführer
zum Weg der Schweiz
enthält farbige Strecken-
karten, Profile, Geschich-
ten, Anekdoten und viele
Illustrationen.
232 Seiten, zahlreiche
Abbildungen, Pocketformat

Ursula Günther/
VCS Schweiz
40 Tages-Abenteuer
Vierzig Vorschläge für
abwechslungsreiche und
erholsame Tagesausflüge,
die ohne grosse Vor-
bereitung möglich sind.
192 Seiten, farbig
illustriert, Pocketformat

Alf Arnold
**40 verkehrstechnische
Attraktionen der Schweiz**
Auf Ausflügen an Ort
und Stelle die verkehrs-
technischen Wunder
erleben, verbunden mit
Wandervorschlägen
und anderen Freizeitunter-
nehmungen.
208 Seiten, farbige Abbildungen, Pocketformat

Ursula Pfeffer
**100 Waldhütten im
Kanton Zürich**
Mit Angaben über Stand-
ort, Platzzahl, Einrichtung,
Mietpreis, Kontaktperson
usw.
48 Seiten, Karten, Pocketformat

Bernhard Rutz
40 Velotouren
Vierzig attraktive Velo-
tourenvorschläge mit Mietvelos der Bahn in allen
bereisenswerten Regionen
der Schweiz. Ergänzt durch
farbige Streckenkarten,
Tourenbeschreibungen,
Höhenprofile und viele
weitere nützliche und
detaillierte Informationen.
232 Seiten, farbige Karten,
Pocketformat

Erhältlich in jeder
Buchhandlung

WERDVERLAG